子どもが
発達障がいだと
わかったとき

パパがやること全部

NPO法人
ファザーリング・ジャパン
メインマン・プロジェクトリーダー
橋 謙太 著

明星大学教育学部教授
星山麻木 監修

高祖常子＋NPO法人
ファザーリング・ジャパン
メインマン・プロジェクト 執筆協力

合同出版

プロローグ

このようにして過ごしています
実は、お子さんの発達のことで少し気になることがありまして……
気になること？
例えば、自分の世界に入ってしまうとなかなか周りに意識がいかなかったり
気持ちの切り替えが苦手なところがあります

えっ……
そんなことが？
ご家庭ではどんなご様子ですか？
アララ
プイ
もうごちそうさまがいい!!
うーん偏食が少し気になってはいるくらいですが……
もし良ければ一度
はあ
保健センターの発達相談に行かれたらどうでしょう？

こんな時間にいるの珍しいね
どうしたの？
今日面談の日だったんだよ
そっかお疲れさま
これから急いで帰って洗濯、食事の用意しないとね
バイバ〜イ
うちの子
どこかヘンなのかな
そんなふうには思えないけど……

Zzz
キィ…
ようやく寝てくれたよ～
ハァー
あれ……？なんか今日元気ないね
……実は、面談で保健センターに相談に行ったら、って言われて
集団行動が苦手で気持ちの切り替えができないのが気になるって
他の子もそんなもんじゃない？
でも毎日たくさんの子を見てる保育士さんから言われたんだよ
俺は気になることないけどな
ヨッと
でも…
気にしすぎだと思うけど、気になるなら行ってきたら？

はじめに

「パパが子どもの障がいを理解しようとしてくれません」「パパが子どもの子育てに積極的になるには、どうしたらいいですか？」

講演会で、ママからこんな相談を受けることがあります。ときに涙ながらに。

私は、NPO法人ファザーリング・ジャパン（以後FJ）のプロジェクト、「メインマン・プロジェクト」のリーダーをしています。FJは「良い父親でなく、笑っている父親になろう」をコンセプトに、おもに全国の父親が中心になって活動している団体です。2006年に東京都文京区で活動をスタートしました。父親による子育て、育児休業、会社での働き方などをテーマに全国で講演やイベントをおこなっています。

私自身も、父親の子育て、父親の地域活動、パートナーシップ、男女共同参画などをテーマにした講演や、絵本の読み聞かせ、バルーンアートなどのイベントで活動しています。

そしてもうひとつ力を入れているのが、発達障がい児を育てる父親の支援を目的としたFJのプロジェクト、『メインマン・プロジェクト』です。

私は、大学を卒業した20代のころ編集プロダクションに入り、漫画雑誌や企業PR誌の編集ライターをしていました。会社を退職したあとは、1年以上のバックパッカー生活で中近東、南米を中心に世界各地をまわり、資金が尽きたころ、ブラジルのサンパウロで、日系人・日本人向けの雑誌制作をしたり旅行会社で働いたりしていました。日本に帰国後結婚し、大手旅行会社の子会社に入ってから2年後に娘が生まれました。その後息子も授かり現在にいたります。

長女が生まれたのは今から約20年前。パパとして子育てをするようになりましたが、長女が保育園に行くようになるとひとつの疑問が浮かびました。

それは、**子育ての場にパパの姿がほとんど見えないことです。**

送り迎え、保育士さんとの話し合い、保育園の保護者会に参加するのはほとんどがママで、パパはごく少数でした。１９８６年に男女雇用機会均等法が施行され、２０００年には専業主婦世帯と共働き世帯の数が逆転しました。幼稚園ならまだしも、共働き世帯が利用しているはずの保育園でパパの姿を見ないのです。

乳幼児健診も同様で、パパに会ったことがありませんでした。「これはおかしい。パパはどこにいるのか？」という疑問が、ＦＪ入会のきっかけになりました。


長女が3歳になったとき、保育士さんに一度専門機関で検査をした方がよいと言われました。「ほかの子とくらべて少し成長がゆっくりだな」と思う程度であまり気にはしていませんでしたが、検査の結果、発達障がいという診断でした。

結果を聞いたときは発達障がいが何かもわかっておらず、いずれ治るのだろうと考えていました。しかし、いろいろ調べていくうちに一生付き合う特性なのだとわかりました。以降、妻と二人三脚で、ときには（いや、かなりの頻度で）けんかをしながら長女の成長を見守り、サポートしながら18歳の就職までこぎつけました。

パパとして保育園、学校に関わり、同時に講演活動もやってきて20年が過ぎましたが、やはり最初に抱いた疑問の答えはいまだに見つかっていません。

パパはどこにいるのだろう？

子育てをする中で、楽しいことや嬉しいことがたくさんありました。でも、きれいごとだけではありません。つらい、しんどいこともちろんあります。

そんなとき、私ひとりでは乗り越えることができなかったと思います。妻と二人三脚で子育てをやってきたからこそ、なんとかメンタルを維持できたのです。

20年前とくらべると、保育園・学校でもかなりパパを見かけるようになりましたが、それでも少数派です。健常児の子育てですら大変ななか、発達障がい児の子育てはもっと大変。講演会で相談してくるママの多くはワンオペ状態です。ママは、パパの子どもへの積極的な関わりを願っています。

発達障がい児の子育ては一筋縄ではいきません。ママひとりの力で乗り切るのは至難の業です。

思い出してください。「親」は母親だけを指すのではありません。父親だっているのです。

そう！

パパの出番です！

本書を手に取ってくださった方は、発達障がい児の子育てに悩んでいるパパ、パパと一緒に子育てしたいママ、支援者の方などさまざまかと思います。

私は、最近20歳を過ぎた娘に「お父さんはまったく話が通じない！」と言われるほど、いまだに娘のことがわかっていないパパです。そんな約20年ではありますが、少しでもみなさんのお役に立てればと思い、発達障がい児を育てるパパの子育て体験を本にしました。

発達障がい児を支える方々の一助、参考になれば幸いです。

橋　謙太

メインマン・プロジェクトって？

〝良い父親〟でなく〝笑っている父親〟になろうをコンセプトに、父親がメインで活動をしているNPO法人ファザーリング・ジャパン。「メインマン・プロジェクト」はそのなかのひとつのプロジェクトです。発達障がいの子ども、それに関わる家族・ママをサポートしていこうという志を持ったパパ（とママ）が活動しています。メンバーは当事者・非当事者さまざまです。

メインマン・プロジェクトの活動

勉強会

2カ月に一度、東京都内で勉強会をおこなっています。発達障がい児のいるパパ・ママはもちろん地域のパパ、ママも大歓迎！ 本カフェの最大の特徴は、パパがメインであること。毎回テーマを決め、参加者同士で交流したり専門家をお招きして話を聞いたりします。また、現在抱えている悩みや愚痴を話し、参加者全員で考えています。

シンポジウム・イベント

パパ中心による企画をおこなっています。

ホームページ・SNS

ファザーリング・ジャパンのHP、メルマガから情報発信をするほか、Facebookにて発達障がいに関わる情報発信をおこなっています。

HP　https://fathering-japan.com/メインマンプロジェクト/
連絡先　fjmainman@gmail.com

刊行によせて

ＮＰＯ法人ファザーリング・ジャパン代表
安藤 哲也

「メインマン・プロジェクト」は発達障がい児の父親への支援を目的としたファザーリング・ジャパンのプロジェクトです。

10年ほど前のことです。イベントなどで母親たちから発達障がい児の子育ての大変さを聴くたびに「父親はどう考えて何をしているんだろう？」「ＦＪで何かできないかな？」と考えるようになりました。本書の著者でＦＪのメンバーでもあった橋パパに相談したのはそのころです。

橋さんは子どもの障がいをネガティブにとらえていませんでした。それどころか、子どもの利益につながると確信し、自分の子どもについて小学校の保護者会でカミングアウト。保護者を巻き込んでセミナーを開くなど地域をも引っ張っていくロックぶりに「これぞ笑っているパパ」と頼もしく思いました。

そんな橋パパの姿を見て、「FJの目的は笑顔の父親を増やすこと。発達障がい児のいる家庭でもママと助け合って笑顔のパパになってほしい。そのことを当事者のパパとしてプロジェクトから発信してくれないか」とお願いしました。

その後、橋パパはプロジェクトリーダーとして講演会や当事者同士が集う「メインマンカフェ」の運営に勤《いそ》しんでくれました。助けられたパパも多かったと思います。

その集大成ともいえる本書は、困難もあっただろう橋家のエピソードを明るく語り、日本社会の状況と課題点や支援のあり方までわかりやすく解説、そして橋パパからの熱いメッセージが盛り込まれています。

「母親だけではない、もうひとりの親としての父親がいるということを忘れないでほしい。父親の出番です！」と。

目次

マンガ　プロローグ　2
はじめに　6
刊行によせて　12

Chapter 1

発達障がいってなに？

● 発達障がいの基礎知識　20
● 保健センター・療育センターってどんなところ？　25
コラム① 通常級でがんばる息子の応援団になる！　ディノパパさんの場合　27

Chapter 2

うちの子が発達障がい!?

マンガ　うちの子は「普通」じゃない？　34
楽観的なパパ、温度差がしんどいママ　38
「うちの子らしい発達」をふたりでサポートしよう　41
発達障がいを受容できないパパに悩む、でも期待しているママへ　45
コラム②　夫婦で子どもの「好き」を育てる　魚博士ママさんの場合　48

Chapter 3

家族というチームを動かす

マンガ　「手伝う」じゃ足りない！　54
子育てするのはママだけじゃない　56
日本の社会構造を知るとパパの重要性が見えてくる　60
受け身な〝父親〟から主体的な〝親〟になろう！　66

父親から「親」になるアイデア① 夫婦の働き方を考えてみる 70
父親から「親」になるアイデア② 家事育児の役割分担を考えてみる 75
父親から「親」になるアイデア③ 夫婦間のコミュニケーションを見直す 81
コラム③ 表に立つパパ、裏方のママ 職場以外コミュ障ママさんの場合 89

Chapter 4

パパができる子育て

マンガ 先生とも力を合わせて 94
パパができる子育て① 保育園・幼稚園・学校に行く習慣をつける！ 96
パパができる子育て② 保育参加・授業参観で子どもの特性を知る！ 100
パパができる子育て③ 園や学校からの情報をキャッチする！ 105
パパができる子育て④ とことん遊ぶ！ 111
パパができる子育て⑤ 祖父母・地域の人との橋渡し 117
パパには居場所が必要だ 127

●おしえて！ 高祖先生 132
コラム④ 横のつながりに支えられて 藤牧さんの場合 145

Chapter 5

小一の壁と小学校入学後

マンガ ベストな道はどれ？ 150
●就学の選択肢は多種多様！ 年長になったら情報収集を 152
●学校を決めるポイントは「子どもの状態」と「支援の手厚さ」 154
●放課後の過ごし方は子どもの心と向き合いながら柔軟に決める 166
●小学校でも先生との連絡は密に取る 171
コラム⑤ 合言葉は「ふみペースでいこう！」 櫻井さんの場合 174

Chapter 6

子どもの未来は、実は明るい！

マンガ　マイペースに成長中！　180

● **発達障がい児のライフステージはこんなに多様！**　182

● **中学校　学力・コミュニケーション能力・通学距離……総合的な判断を！**　183

● **高等学校　大学・就労につながる選択、早めの情報収集がマスト**　186

● **高校卒業後　進級・就労・就労訓練の3つの選択**　192

コラム⑥　父親はいちばんの理解者　当事者・大学4年生　佐野さんの場合　197

マンガ　エピローグ　201

おわりに　203

子育てをがんばるパパにおすすめの本　206

Chapter 1

発達障がいってなに？

発達障がいの基礎知識

診断を受けたらお先真っ暗……ではない！

この本を手に取ってくれた読者のなかには、「保健センターや保育園、幼稚園、学校などのすすめで子どもの検査をしたけれど、〝発達障がい〟って何なのかよくわからない」「これからどうしていけばいいいか、どうなっていくかわからない」という不安を抱えた方が多いかと思います。

発達障がいと診断されたからといって過剰にこわがる必要はありません。**発達障がい児の将来、人生の選択肢は多様**です。サポート機関も数多くあります。**親は、子どもの未来が、ベター、ベストになるようにサポートしていけばいいのです。**親のサポート次第で明るい未来が待っています。

この章では、発達障がいの基本的な知識をご紹介します。

図１：特別支援学級在籍者の推移

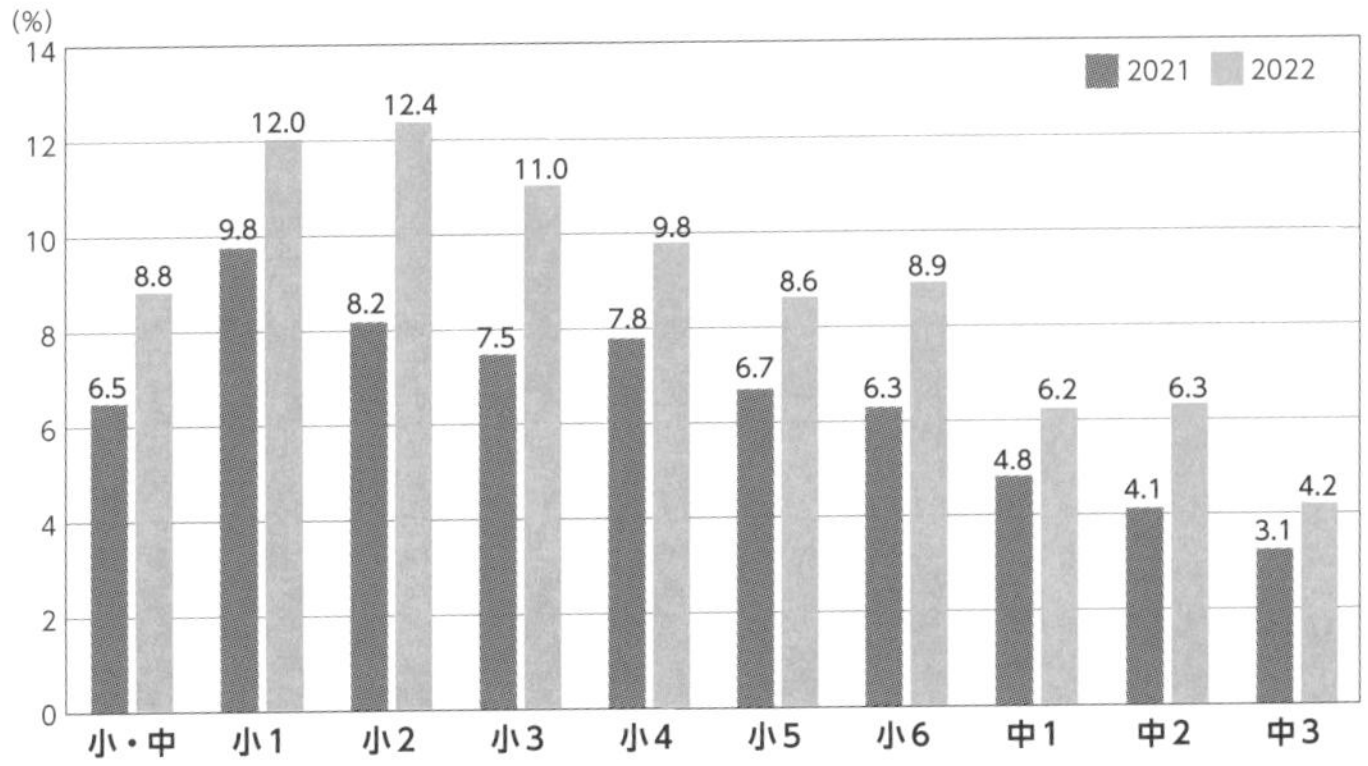

＊参考：文部科学省「通常の学級に在籍する特別な教育的支援を必要とする児童生徒に関する調査」（2022年12月）

発達障がいは目に見えない

発達障がい児かどうかは**見た目ではわかりません。**発達障がいがある人たちには、コミュニケーションの取り方が独特、感情や行動のコントロールが苦手といった特性があります。

文部科学省の調査によると**小中学校の通常級に８・８％の割合で在籍しているという結果が出ています。また、発達障がい児が在籍することの多い特別支援学級の児童生徒数も年々増加傾向にあります。**

増加している原因はいまだ研究段階にあり、専門家の見解を待つ必要がありますが、発達障がいの社会的認知度が上がり診断へのハードルが下がったことや、通常級より特別支援学校に通わせる方が子どもにとってよいという選択をする家庭が増えてきていることが要因のひとつかもしれません。それだけ通常級以外の選択肢が年々一般的になってきていると、とらえることができます。

発達障がいの種類

発達障がいには大きく分けて次の3種類があります。

● ASD（自閉スペクトラム症）

自閉症、アスペルガー症候群（現在では高機能自閉症と呼ばれます）、広汎性発達障がい（PDD）などの総称です。対人、社会性、コミュニケーション能力に困難があります。また興味関心の幅が狭く、物事に強いこだわりがあります。同じ行動をくり返す、柔軟な思考や変化への対処が苦手などの特性があります。

●ＡＤＨＤ（注意欠陥・多動性障がい）

感情や行動のコントロールが苦手、忘れっぽい、気が散りやすい、落ち着かないなどの特性があり、周囲から特異な目で見られがちです。年齢にそぐわない行動が多く見られ、日常、学校生活での困難がともないます。

●学習障がい（限局性学習症、ＬＤ）

学習面、知的な面では問題がなく、「読み書き」「聞く」「話す」「計算」など、特定の分野が苦手です。「ディスレクシア（読字障がい）」「ディスグラフィア（書字障がい）」「ディスカリキュリア（算数障がい）」などがあります。俳優のトム・クルーズやキアヌ・リーブスは「ディスレクシア」で知られています。

発達障がいの診断を受けた人たちは、複数の障がい特性を併せ持っているケースが多くあります。また年齢が上がるにつれ、診断名が変化することもあります。**人によって特性は多様です。そのため、個別の対応をすることが大切になってきます。**

発達障がいの種類

ADHD（注意欠陥・多動性障がい）

・感情のコントロールが苦手、落ち着かない（多動性・衝動性優位型）

・忘れっぽい、気が散りやすい（不注意優勢型）

・両方の特性がある人も

知的な遅れを伴うことも

ASD（自閉スペクトラム症）

・自閉症

・高機能自閉症

・広汎性発達障がい

社会性やコミュニケーションに困難が見られる

学習障がい（限局性学習症、LD）

・ディスレクシア（読字障がい）

・ディスグラフィア（書字障がい）

・ディスカリキュリア（算数障がい）

複数の障がいを併存していたり、言葉が出にくいなど知的な遅れが見られる場合があります。上記の3種類のほかに、字を書く、ひもを結ぶなどの動作に不器用さがあるDCD（発達性協調運動障がい）もあります。

保健センター・療育センターってどんなところ?

保健センター・療育センターは、多くの場合、最初に診察を受ける場所です。

保健センター

子どもが産まれてから定期的に健診に行く場所です。行政によって頻度は違いますが、多くは3~4カ月健診、1歳半健診、3歳児健診が実施されています。

ママと子どもの来所が大半ですが、もちろんパパが子どもを連れて行ってもよいですし、夫婦で来所してもよいです。男性の育児休業取得も年々増加しているので、定期健診に行くパパも増えていくことでしょう。この定期健診の際に、発達が遅れているかどうかの検査もおこなわれます。

子どもの様子で心配なことがあるときや、保育園、幼稚園から子どもの検査をすすめられたときに気軽に相談ができる機関です。保健センターは、障がいに関わる施設、療育センターを紹介したり、今後やらなければならないことのアドバイスをしてくれます。

療育センター

障がいの疑いがあった場合、多くの人が最初に訪れる機関となるはずです。療育センターでは障がいのある子どもに対して、医師や療育士などの専門家が診療やリハビリをおこなっています。ここで子どもの診察をし、障がいの有無を確認します。

障がいがあった場合には、どのようなサポートをしていけばよいか相談し、継続的に診察、リハビリをすることになります。パパは最初の診察をママ任せにせず、夫婦で訪れることが重要です。もしここまでのプロセスをママが対応していたのなら、ママの気持ちは不安でいっぱいです。パパは、ママの気持ちに寄り添ってください。

診察の結果、発達障がいだった場合は、センターの雰囲気や医師、リハビリが子どもに合うかどうか夫婦で話し合う必要があります。そのためにもママだけでなく2人で行くことが大切です。子どもに合う機関を夫婦で相談しながら探してください。

From パパ

コラム 1

通常級でがんばる息子の応援団になる!
ディノパパさんの場合

ニックネーム:ディノパパ(30代)
家族構成:妻(30代)長男(7歳・通常学級2年生)の3人家族
子どもの障がい:自閉スペクトラム症

ディノ君は、のんびりした優しい性格で、生き物や本が好きな男の子です。現在は公立小学校の通常学級の2年生です。

2歳になったころ、妻がディノ君の様子を見て発達障がいかもしれないと気がつきました。当時、私たち家族は私の仕事の都合で地方都市に転勤しており、妻は長期の育児休業中でした。普段見ている子といえば通っていたベビースイミングに来ている子くらいです。それでもディノ君の様子に気づいた妻は、今考えるとさすがだなと思います。

地域の発達相談センターで診察を受けると、人よりも物に関心がいってしまっていることから、発達障がいの傾向があると言われました。

その話を聞いたときは、「この子はこれから生きていくなかで、ほかの子はしなくていい苦労をしていかなければいけない」と思い、とても悲しくなりました。一方妻はある程度覚悟ができていた様子でした。妻は芯が強いところがあります。発達障がいの受け止め方には、夫婦でギャップがあったと思います。

ディノ君はこだわりの強い男の子でした。

洋服、物を置く場所、手順などいろいろなこだわりがありましたが、なかでも生活していく上で大変だったのは道順のこだわりでした。目の前にある横断歩道が青信号になっていても渡ってくれません。約束があるときは、時間に間に合うようにかなり早く出ておやつを食べたり、肩車をしたりして何とか行っていました。

5歳ごろからは言いたいことがだいぶ言えるようになってきたので、こだわりもなくなっていきました。今では目立ったこだわりはありません。

ディノ君は2歳から地域の療育センターに行き、3歳から民間の個別療育に、そして、4歳から主治医の先生がすすめる個別療育に行きました。今勉強に粘り強く取り組めるのは、療育で粘り強く取り組む習慣をつくったからだと思います。

ディノ君は、私の転勤が終わり妻が職場復帰したタイミングで、2歳から保育園に入りました。入園する保育園が決まったあと、入園の直前に夫婦で保育園に行って、ディノ君の特性について話をしました。

保育園では保育士さんの加配はされませんでしたが、担任をもっていないフリーの保育士さんなどがよくお世話をしてくれました。保育士さんが本当に愛情をもって見てくれていたことが、ディノ君の優しい性格につながっていると思います。

年長になると、就学先の選択をすることになります。ディノ君の場合、知的な遅れのない自閉スペクトラム症のため、通常級、通級、特別支援学級が選択肢にありました。

就学前健診の際に、学校から地域の就学相談に行くように言われ、特別支援学級の見学にも行きましたが、わが家の場合、就学相談の担当者と意見が合わなかったので途中で取り下げました。夫婦でよく相談し、主治医の先生や療育の先生のすすめもあった通常学級に行くことにしました。

小学校に入る直前に、ディノ君の特性などをA4サイズの紙にまとめ、校長先生や担任になる先生に向けて夫婦で話しに行きました。また、入学式の会場も見学に行きました。

こうしてディノ君は通常級に入りましたが、入学後も勉強や生活のフォローは続けています。ディノ君は、学校の宿題のほかにも、通信教育で勉強をしたり、朝は私と予習をしています。

この予習のために毎日自由帳に問題を作っています。算数であれば「ティラノサウルスが○頭います」という表現にしたり、国語の漢字であればオヤジギャグを使った問題にしたりと、なるべく楽しくできるように工夫しています。

学校の勉強は、本人の努力もあって今のところは問題ありません。授業参観では、手を挙げて積極的に発言する姿を見せてくれています。生活に関することも少しずつ成長しており、足りないところはお友だちに助けてもらっています。ディノ君は集団で揉まれながら成長しています。

また、担任の先生に、面談、電話、連絡帳を使って学校での様子を定期的に聞いています。学校には、できないことがあるかもしれないが、やらなくていいではなくできる仕事をやらせてほしいと伝えています。

わが家の場合、小学校の面談などには私が行くこともあれば妻が行くこともあります。毎週の療育や習い事は基本的には私がおこなっています。どちらが行くにせよ、聞いたことや見た様子は夫婦で共有しています。

どちらかと言えば、私は一喜一憂タイプで、妻は落ち着いたタイプですが、「揉まれながら強くなってほしい」という想いと、「安心して過ごしてほしい」という想いで常に板挟みなのは共通しています。

育児のやり方にもそれぞれの個性が出ています。私は、ディノ君が星に興味を持ったらプラネタリウムに行き、恐竜に興味を持ったら博物館に行くといった、興味を深める、広げるような働きかけをすることが多いです。

一方の妻は、よいと思う小児精神科の先生の初診を受けられるように動いたり、ディノ君の気持ちが落ち着いているときに学校で困りごとはないか聞いたりするなど、地に足の着いたことをしてくれることが多いです。妻は他人とくらべてどうこうではなく、純粋にディノ君のよいところ、がんばっているところを褒めて、成長を喜んでいます。

私たちのタイプは違いますが、就学先、学校への対応など、日々相談しながら育児をしています。発達に凸凹のある子を育てていると、悔しい思いをしてひとりで受け止めきれないことも多々ありますが、今後も夫婦で協力して子どもを見守っていきたいと思います。

ディノ君ののんびりで優しい性格が大好きで、いつも癒されます。今は一緒にカードゲームをしたり、キャンプに行ったりしてたくさん遊ぶのが楽しみです。

私は、ディノ君の人生に対して采配を振るう監督にはならないようにしたいと思っています。今はいろいろなことを教えるコーチ役ですが、いつかは応援団になりたいです。

Chapter 2

うちの子が発達障がい!?

うちの子は「普通」じゃない?

やはり「人」より「モノ」への関心が強いようですね
発達に特性を持っている可能性が高いです
1カ月後に今度はご家族全員でいらしてください
はい ありがとうございました
ハハハ
ぎょっ
ズビ
グズ
ウウ〜
グズ
どっどうしたの？
……今日検査を受けてきて
やっぱり発達障がいかもって言われたの
え!? 発達障がい？
結果が出るのは1カ月後だって
……それまでどうしたらいいんだろう

1カ月後、ついに診断の日がやってきた
……という3点から発達障がいの可能性が高いと思います
この特性とは一生の付き合いになりますが一緒にお子さんの良さを引き出すサポートをしていきましょう
ウッ
やっぱりそうなんだ
……
早くわかって良かったよ

先生はあぁ言ってたけど
小学校に入るまでには治るって
なんでそんな気楽なこと言えるの
治るなんてことないんだって……
これからこの子の人生はどうなるんだろう……
カチャ
SEARCH
発達障がい
カチャ
……
おふろ入ろうか

楽観的なパパ、温度差がしんどいママ

泣き崩れた妻

私の娘が発達障がいとわかったのは3歳のときでした。正確には「知的障害を伴う自閉スペクトラム症」です。

私が娘を連れて検査に行ったとき、妻は落ち着かない様子でした。検査結果は夫婦と娘で聞きに行ったのですが、発達障がいとわかったときの妻の狼狽《ろうばい》ぶりは今でも覚えています。病院では気丈に振る舞っていましたが、家の前で泣き崩れていました。

このとき私はどうだったかというと、正直なところ実感がなく、「まずは発達障がいが何なのか勉強しないとな」くらいにしか思っていませんでした。この**夫婦の受け止め方の違いは、性格の違いだけでなく、子どもとの関わり方の違いによるところが大きい**と感じています。

子育てへの関心の低さが温度差を生み出す

「パパが子どもの障がいを理解してくれない」……。講演などでママからよく受ける相談です。「気にしすぎ、大丈夫」「うちの子に障がいなんてあるわけない」「子どもはこんなもの」と言って、ママの悩みに寄り添ってくれないパパは多いようです。

私はＦＪの中の「メインマン・プロジェクト」のリーダーをしていますが、ほかにもＰＴＡ、パートナーシップ、思春期などをテーマにしたプロジェクトがあります。

私が関わっているプロジェクトの中に「秘密結社主夫の友」というものがあります。メンバーの専業主夫・兼業主夫たちと会話をしていると、「ママが料理のあとの片付けをやってくれない」「ママは会社から帰ってきて、洗濯ものをあちこちに散らかしている」「ママは学校（保育園・幼稚園）の行事をまったく把握していない」といった愚痴を聞くことがあります。日本の一般的な家庭のママたちがもらすパパへの愚痴とまったく同じなのです。

このエピソードからわかることは、**ママの悩みに寄り添わないパパのスタンスは性差で**

はなく、子育てにどれだけ関わっているか、家事にコミットしているか、関心があるかどうかで差が出るということです。

パパが、心配しすぎという ニュアンスで「気にしすぎ、大丈夫」「子どもはこんなもの」とママに言うのは、ある一面では楽観的な励ましの意味があるのかもしれませんが、子どもとの関わりが濃いママからすると、薄っぺらく、現状を理解していない他人ごとの発言にしか聞こえません。

ママは生まれる前から子どもと24時間一緒にいるので、必然的にママと子どもの関係は濃くなっています。そこから出産を経て、育児休業を取得、または子育ての大部分を担っている場合には、どうしても子育てへの関心はママの方が高くなりますし、パパは相対的に低くなります。

子育てへの関心度合いに差があると、当然、ママの悩みとパパの気持ちにも温度差が生まれてきます。温度差がある状態でパパがママに向けて「気にしすぎ、大丈夫」と言っても、ママは「何もわかっていない」としか受け取ってくれません。こういった夫婦の気持ちの温度差を埋めていくことは、ママのメンタルにとっても、これから夫婦で子どもを育てていく上でも、とても大切になってきます。

「うちの子らしい発達」をふたりでサポートしよう

「気にしすぎ、大丈夫」から「一緒だから大丈夫」へ

子どもが発達障がいと診断されたママはとても混乱し、落ち込んでいます。保健センターなどで検査をすすめられた場合も同じです。

ママから報告を受けたときは、**「気にしすぎ、大丈夫」「僕たちの子に障がいなんてあるわけない」という言葉はのみ込んで、くわしい診察結果と検査をすすめられた経過を細かく聞きましょう。**そして、「自分も病院に行く」もしくは「検査をすすめてきた先生や保育士さんに面談に行ってみる」ことを約束してください。そのうえで、「一緒にやっていこう」とママに投げかけてください。子育てするのはママひとりではないことを伝えてください。

娘が発達障がいとわかったとき、私は「心配しないで。一緒に子育てをしていくから」

と伝えました。そのとき、妻がどう感じていたかわかりませんが、今まで以上に、父親として子どもと関わっていくという私なりの宣言でした。

〝普通〟そんなものはない！

わが子が発達障がいとわかってショックを受けない親はいません。何がショックか、一言ではあらわせない複雑な思いがあると思います。

ほかの子どもと違う、劣っていると感じたり、〝普通〟に日本の保育園、幼稚園を卒園して、小学校、中学校、高校、大学を卒業する〝普通〟の人生を送れなくてかわいそう、大人になってからどうなるのか、などと将来について悲観するかもしれません。私も、「娘は私自身が経験したような〝普通〟の学校生活を送ることできないのか」と思うとショックでした。

でも今は成人した発達障がいの娘を育ててきて、思うことがあります。

〝普通〟ってなんでしょう？

多分それは、私たち日本人の大半が経験している「保育園（幼稚園）、小学校、中学校、高校、大学(専門学校)を経て就職する」ということなのだと思います。当たり前ですが、親自身が経験してきたことを子どもも経験できるはずだとなんとなくイメージしているはずです。

けれど**〝普通〟って、人によって基準があいまいで頼りないものです。**

海外に目を向ければ、子どもたちは日本とまったく違う生活環境、学校環境で育っています。そしてその環境は、日本から見て〝普通〟ではなくても彼らにとっての〝普通〟です。日本の子どもと同じように、おおむね幸せで楽しい経験を積んで成長しています。

例えば不登校でも学校に通わずに勉強し、充実した日々を送っている子どもは日本でも増えてきています。

その子なりの発達過程をサポートする

多様な発達過程、人生が存在しているにもかかわらず、親は自分が育ってきたルートしか知りません。とくに自分がうまくやってきたという自負がある人ほど、同じ人生を子どもに経験させたくなるものです。

しかし、目の前の子どもにはその子なりの発達過程がありますし、時代も変化していきます。親と同じ枠組みのなかで育てていくことが幸せとは限りません。**その子に合った発達のサポートをしていくことが、その子の最大の幸せにつながる**のではないでしょうか？

発達障がいの子どもたちの発達過程には多様な選択肢があります。娘が小学校4年生のとき、〝普通〟学級から特別支援学級（〝特別〟って何なのでしょうか？）のある小学校へ転校したときに見せた笑顔は、今でも忘れられません。

「うちの子、発達障がいかも」とママに言われたときのポイント

- 励ますつもりで言ったひとことがママを怒らせるのは、家事育児に対する夫婦の気持ちに温度差があるから
- ママから報告を受けたら気にしすぎだと思わず、細かい診察結果や経過を聞こう
- 子どもには子どもの人生がある！　〝普通〟に惑わされず、子どもに合ったサポートをしよう

発達障がいを受容できないパパに悩む、でも期待しているママへ

「向き合わない理由」はいくらでもある

診断結果や検査のことを相談しても取り合ってくれないパパ。そんなパパの態度に、とても悲しい気持ちになるかと思います。

でもママにとっても子どもにとっても、パパはとても大切な人です。まず、パパがなぜ取り合ってくれないのか、子どもの障がいを受容してくれないのか考えてみましょう。

理由としては次のようなことが考えられます。

①仕事が忙しい
②子育ては母親がやるものだと思っている
③親族に発達障がいの人がいないから自分の子どもも違うだろう（遺伝的にありえな

い）と思い込んでいる
④世間体を気にしている
⑤診断された子どもが長子のため比較できる子どもがいない

残念ながら、いずれの理由にしても、パパは根本的なところでわが子と正面から向き合っていません。こうしたパパにいくら説明をしても「責められている」「面倒くさいことを言われている」と殻にこもっていくだけです。

親、医師、先生……第三者に働きかけてもらおう！

このような場合、**第三者にあいだに入ってもらうのが得策**です。ママがパパの両親と仲がよい、あるいはパパの両親が障がいに対して理解があるなら相談してみるのもよいでしょう。

いちばんよいのは、**専門家や、普段自分の子どもと接している方たちとパパが直接会う機会をつくることです。**診察を受けた病院に夫婦で行ってみるのはとても大切ですし、それが無理なら、保育士さんや幼稚園の先生と相談して、個人参観を兼ねた父親との面談を設定するとパパも腰を上げやすいでしょう。

その際に、保育士さん・先生から、パパ自身が病院に行くことが大切であると伝えてもらってください。可能なら事前に病院の予約をしておき、面接のときに、その日に病院に行くとパパに約束してもらうとさらによいです。**夫婦だけの約束だと簡単に破れますが、第三者の前で約束した場合、心理的な意識づけも強くなります。**

もしかしたら、ママがわが子の障がいを知って混乱し落ち込んだのと同じように、パパもパパなりに混乱している可能性があります。落ち着いて受け止めるためには冷静で正確な情報が必要です。**正確な情報を手に入れるには、子どもと直接関わっている保育士さん、先生、医者など、第三者のプロたちと話すこと**が必要です。

「気にしすぎ、大丈夫」と言うパパの言葉に絶望せずに、今後の子育てのよりよいパートナーとなってもらえるように動いてみましょう。

From ママ

コラム 2

夫婦で子どもの「好き」を育てる魚博士ママさんの場合

ニックネーム：魚博士ママ
家族構成：特別支援学校教員の夫、長男（12）、次男（8）、三男（5）の5人家族
子どもの障がい（長男）：知的障がいのない自閉スペクトラム症

わが家は、特別支援学校の教員として日々子どもたちと接している夫、知的障がいのない自閉症の長男（12）、次男（8）、三男（5）、そして私の5人家族です。今回、みなさんにわが家の取り組みから伝えたいことを2つお話しします。

1つ目は、「夫を育てること」です。最前線に快く送り出しましょう。夫を上手に育てて戦力にすると安心です。

長男は2010年に生まれました。はじめての出産だったのでとても嬉しかったことを覚えています。

障がいがわかったのは3歳児健診。育休中の夫が連れて行きました。医師に「お母さんと話したかったな〜。母親の方が微妙な違いがわかるから」と言われたそうです。それまで育児に関しては自信満々の夫でしたが、こればかりは仕方ありませんでした（トホホ……）。でも、夫はすぐに今後のことを一緒に考えてくれて心強かったです。

その後複数の病院に予約を取り、どの病院からも「自閉スペクトラム症」と診断されました。「やっぱりそうなんだ……」という気持ちでしたが、複数の病院の意見を聞けたこと、早期発見・早期介入ができたことは、わが家にとってとても幸運でした。

その間、夫は発達障がいのことをかなり勉強していました。夫は特別支援学校の教員です。あっという間に専門的知識を身につけて、自宅での療育は夫の担当となりました。そのおかげで私は長男と今までどおりに遊び、生まれたばかりのかわいい次男のお世話に専念できました。

このように、わが家は夫婦の役割が違っていましたが、それがよい結果をもたらしたと感じています。夫には保育園や小学校で支援の交渉をしたり、保護者にカミングアウトしたりなど、おもに社会との接点の場面で前面に出てもらいました。このことは、交渉ごとが苦手な私にとってとても楽でしたしありがたかったです。

ただ、わが家でも考えの相違はありました。

私も障がいのある子に関わる仕事をしていますが、直接介入をする部署ではありません。そのため、勉強を続けている夫と、私の知識の差はどんどん広がっていきます。

夫から「もっと勉強した方がいいよ」と言われ勉強したこともありましたが、その勉強がとても役に立ったとは思えませんでした。無理な勉強をするよりも、子どもと一緒に笑う時間があった方がいいと思ったのです。

そんな夫との温度差につらさを感じることはありましたが、夫は3歳児健診のときの医師の言葉、「母親の方が微妙な違いがわかる」には納得していたようで、「大切なことを決めるとき、○○（妻）の言葉や感想を大事にしている」と言ってくれます。だから私も安心して自分の役割を果たすことができるのです。

2つ目は「子どもの『楽しい』を育てること」です。

長男はもうすぐ中学生です。マニアックな知識は学者級。行動力もあり、遠くまで自転車で釣りに行ったり、友だちと電車の旅に数多く行ったりして毎日を楽しんでいます。自分の「好き」がはっきりしていて、中学生で行動に移せることは尊敬します。

わが家は夫が子どもの興味に乗りすぎて（自分がやりたいだけかも……）カエルを捕まえて父子（弟二人も参加して！）でさばいて調理したり、セミやザリガニを捕まえて食べてみたりしています（心の底から、これらの趣味は私の視界外で完結してほしいと思っていますが……）。

みなさんも子どもにぜひ「楽しい」を提供してあげてください。私はその積み重ねが子どもの「好き」を育み、子どもが自分で「楽しい」を見つけ、実践できることにつながると信じています。

子育てはひとりではできません。そして、最後に生きていくのは子ども自身です。

子どもの人生がより豊かになるよう、親も一緒に、限りある時間を楽しんで子育てをしてみませんか？

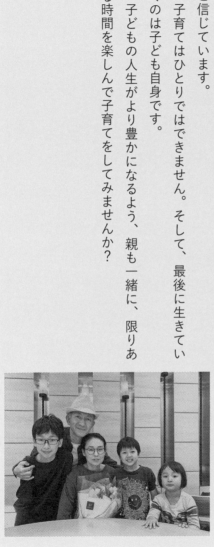

Chapter
3

家族という
チームを
動かす

「手伝う」じゃ足りない！

ただいまー
何か手伝おうか？
手伝う…
ピタ
じゃないでしょう！
保育園の迎え、料理、洗濯、明日の園の準備!!
それに少しでも療育をしないといけないの！
ボキッ
ギャー!!
どどどどうしよう！
時間が足りないの！
保育園の送り、朝ごはんに
□□保育園
ときどき夕ごはんも作っているのになぁ

何が足りないのかなあ?
翌日
寝かしつけ終了ミ
ヨシッ
パタン
自分なりに考えてみたんだけど……
幼稚園の迎えと週の半分の曜日の掃除、洗濯、料理を担当するよ
ママ
ありがとう
よろしく頼みます
残業はできないって会社に伝えないとなあ

子育てするのはママだけじゃない

幸せになるカギは、パパの家庭参加にあり

ＦＪでは〝家族はチーム〟と考えています（図２）。パパ、ママ、もちろん子どももも、お互いに助け合っていくことが大切です。逆に言えば、助け合いがうまくいかなくなるとチームを維持することがむずかしくなっていきます。

夫婦の家事育児分担の国際的な調査はさまざまな形で出ていますが、総じて言えることは、日本は先進国のなかでも依然として家事育児がママ任せになっているということです。

東レ経営研究所が出している有名なデータで「女性の愛情曲線」というものがあります（図３）。このデータを見ると、子どもが産まれたあとに女性（妻）から男性（夫）に対しての愛情が回復するかどうかは、男性が家事育児をいかに一緒にやっているかによって決

図2：家族はチーム！　みんなで助け合う

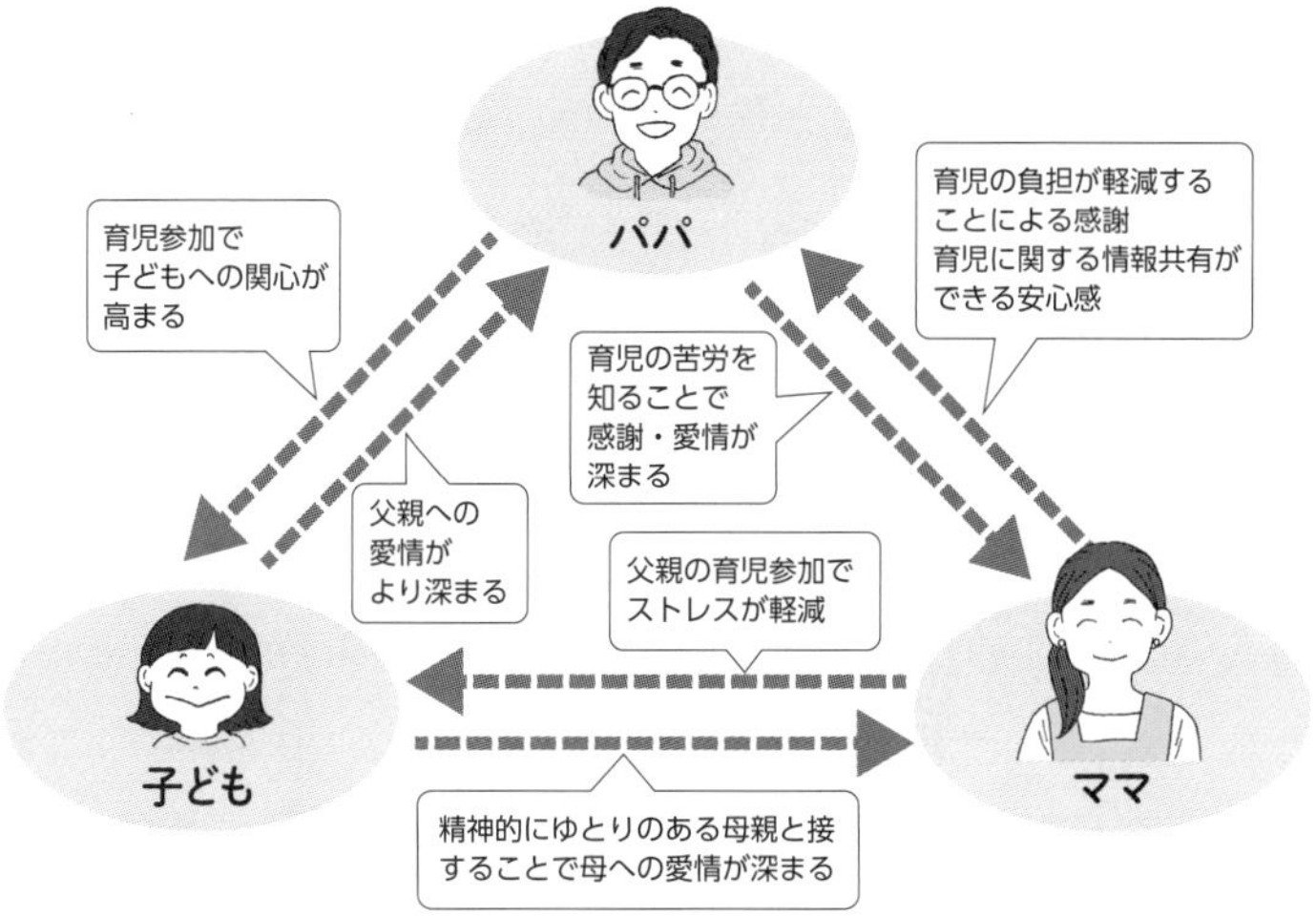

図3　女性の愛情曲線

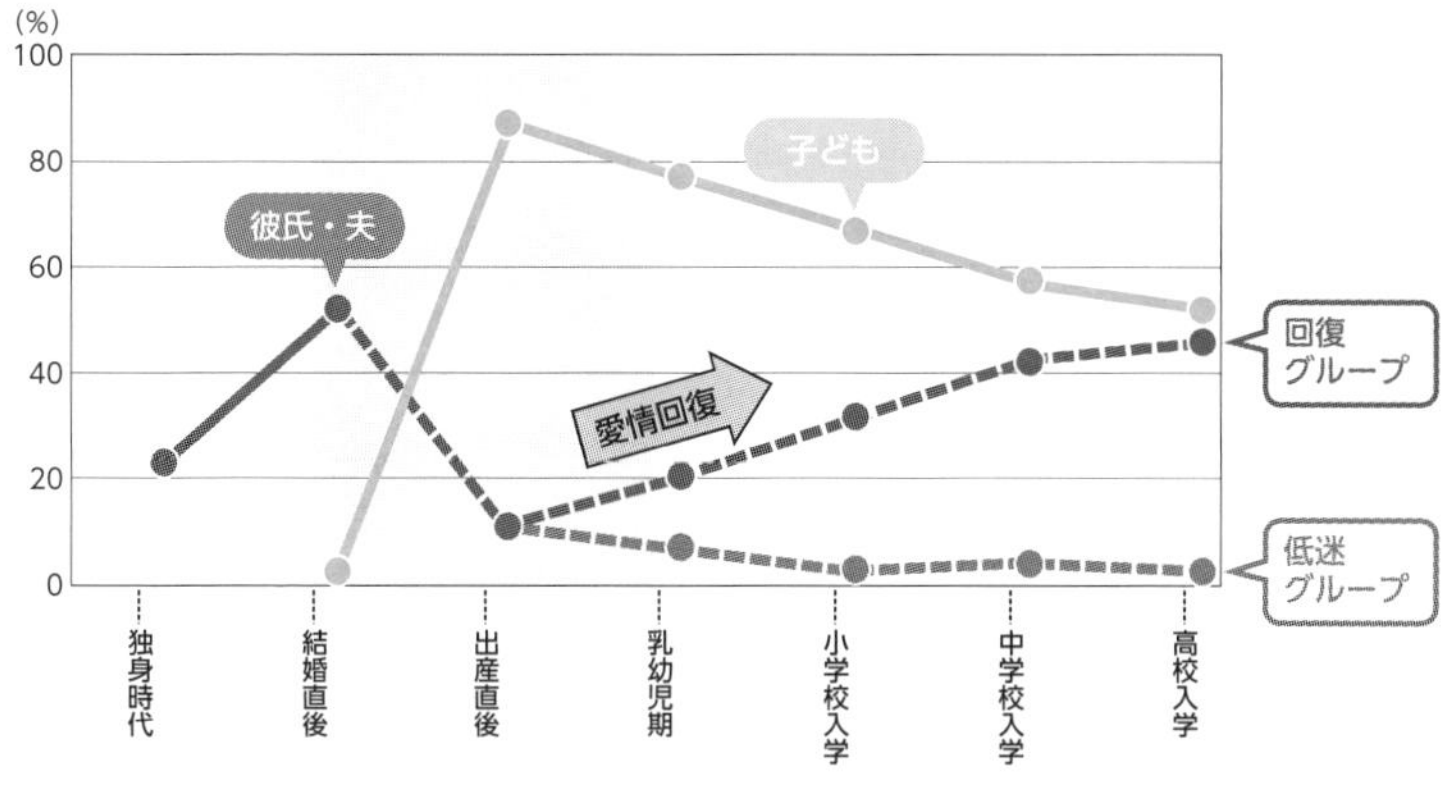

＊出典：（株）東レ経営研究所ダイバーシティ＆ワークライフバランス研究部長　渥美由喜
「女性の愛情曲線調査」

まることがわかります。家族全員が幸せになるためにも、**パパが家庭に目を向けることが大切**です。

障がい児を育てる家庭にみられる課題① 母親のうつ病罹患率

障がい児を育てる家庭には2つの課題があります。

1つ目は〝母親のうつ病〟です。広汎性発達障がい児を育てる母親の重度抑うつ域は、全体の10％です（発達心理精神科教育センター・2019年）。これは健常児を育てる母親の10倍で、中度、軽度の抑うつ域を含めると、もっと大きな数値になります。かわいいわが子とはいえ、発達障がい児は育てにくく大変であることもまた事実です。

一方で、**母親のうつ病が周辺のサポートによって予防・改善されることもあります。**

障がい児を育てる家庭にみられる課題② 離婚率の高さ

2つ目は離婚率です。発達障がい児を育てる夫婦は離婚率が高いと言われています。

アメリカでは一般的に、2組に1組が離婚していますが、発達障がい児を育てる夫婦の場合には約80％の夫婦が離婚しています。これは日本の夫婦にも当てはまるでしょうし、母親の家事育児の負担が大きい日本では、さらに大きな数値である可能性があります。

もちろん離婚は悪いことではありません。今や人生における選択肢のひとつになっているといえます。ただ、夫婦の感情が折り合わなくなる先に待っているのが離婚だと考えると、発達障がい児を育てる家庭では一般家庭にくらべて、夫婦の感情の温度差がより現れやすいことが推察できます。

子育ては大変。でも、人生を豊かにしてくれるのもまた子育てです。夫婦のコミュニケーションを深め、子どもの状況を共有し、お互いが主体的に子育てをしていくことを切に望みます。

日本の社会構造を知るとパパの重要性が見えてくる

ジェンダーギャップが大きい国ニッポン

日本にはさらなる問題があります。それは**男女不平等な社会であること**です。

日本の男女不平等ランキング（ジェンダーギャップ指数）は146カ国中125位です（2023年）。教育水準が高い国はジェンダーギャップ指数も比較的高い傾向がありますが、日本はかなり特殊で、「女性議員の割合」（政治）や「給与の男女差」（経済）などの指標が低いために、教育水準が高いにもかかわらずジェンダーギャップ指数が極端に低い国になっています。

男女不平等は母子家庭の貧困率にもつながっていきます。離婚した場合、日本では母親が子どもと同居して養育することが多く、86・8％が母子世帯です（厚生労働省「全国ひとり親世帯調査　2016年」）。

よく言われるように、日本では女性の給与が低く、欧米女性の給与が男性の給与の80～90％であるのに対して、日本は70％です。また、厚生労働省の「国民生活基礎調査（2021年）」によると、相対的貧困率が11・5％だったのに対し、ひとり親世帯では44・5％となっています。

給与に見られる男女差のほかにも、養育費を払わない父親が多い現状や右肩下がりの日本の経済状況を考えると、離婚することで母子が困窮する可能性が高いと言えます。発達障がい児を育てる母子家庭では、さらにその傾向が高くなります。この現状では母親も子どもも不幸ですし、離婚した父親にとってもよい結果とは思えません。

〝母親〟という呪縛

日本の男女不平等、とくに「家事や育児での母親の負担」というテーマでは男性が非難されることがほとんどです。それはある側面では仕方のないことだと思います。

しかし、私は、日本の女性がもつ**「〝母親〟の呪縛」**も強く影響しているのではないかと感じています。

「母親だから○○しなきゃ」と思っていませんか？

帰ったら
ごはんを作って…
そうじも
しなきゃ
連絡帳
書かなきゃ
保護者会
行かなきゃ
会社休んで
看病しないと

私は東京都稲城市の「男女共同参画計画推進協議会」の会長ならびに委員を10年間務めてきました。そこで感じるのは、日本の女性はほかの先進国の女性とくらべて、ジェンダーバイアスを価値観としてより強く植えつけられており、それが自分自身を縛りつけているのではないかということです。みなさんのパートナーはどうでしょうか？

家事育児は夫婦で半分ずつ！それでも妻は……

私たち夫婦が日本で一緒に生活するようになった当初は、私が専業主夫をやっていました。

「日本で」と書いたのは、実は以前、私がバックパッカーの延長でブラジルで働いていたからです。いつまでも日本に帰ってこない私を、妻が会社を辞めて迎えに来ました。日本に帰国した際には妻が先に仕事を決め、私はしばらくの間専業主夫をやっていましたが、私が働きだしてからも家事育児・仕事の分担が50：50の夫婦生活を送りました（少なくとも私は送ってきたつもりです。この辺は〝夫婦の家事ギャップ〟という言葉があるので、興味のある方は調べてみてください）。

そのため、試行錯誤しながらも家事の役割分担はほぼ半分です。保護者会、ＰＴＡなどのイベントや子どもの予防接種は私が担当、妻は、日々のいわゆる名もなき家事を担当してくれています。そんな夫婦生活を送っていたので、妻は新しい家事育児の用事が発生すると、バンバン私に振ってきますし、断る余地もなかったりします。

でもそんな妻ですら、子どもが病気のとき「お母さんが会社休めなくて、ごめんね」と言っていました。私が会社を休んでいるにもかかわらずです。ここにはやはり母である自分が休むべきだという「〝母親〟の呪縛」があるのではないかと思います。

〝ふたりいる親のひとり〟という意識

私の周辺のママ友の話を聞いていると、妻ほど家事育児の分担を半々にしたいと望んでいる人は希少のようですが、それでも日々生活に追われているとメンタルもいっぱいいっぱいになりますし、時間も足りません。

発達障がい児のいる家庭ではあるあるだと思いますが、子どもが毎日同じ話を何度もしてくることがあります。わが家の場合は好きなアニメの話が多かったのですが、大きなトラブルが起こらなくても、こういったことの累積でストレスがたまっていきます。

健常児の子育てにくらべてストレスの要因になる出来事が複数、しかも同時にやってきますから、多くのママはがんばっているなぁ、よくやっているなぁ、と尊敬しています。

ですから、**ママが「母親なのに上手に子育て（家事）ができない」と自責の念を感じることが減るように、パパが家事育児に主体的に関わることが欠かせません。**

ママが、バーンアウトする前にパパは**「ママは〝母親〟である前に〝ふたりいる親のひとり〟である」ということを認識することが大切**です。

そして**パパが、もうひとりの親として一緒に子育てするという意識を持ち、家事育児の**

一翼を担うことが重要になります。

受け身な〝父親〟から主体的な〝親〟になろう！

〝協力する〟から〝主体的に〟

がんばっているママのパートナーであるパパは何をすればいいのでしょう。

問いかけるまでもなく、**〝主体的に〟〝一緒に〟子育てに取り組むことが大切**です。**〝協力する〟〝手伝う〟ではなく〝主体的に〟がポイント**です。

わが家は家事育児を夫婦でおこなっていますが、ただ分量が平等であればよいわけではありません。時間に換算してぴったり半々にすればいいのではなく**どちらかに任せきりにせず、意識的に、夫婦で家事育児のバランスを相談して決めていくこと**が重要です。

ただし、結果として、大なり小なり仕事を犠牲にしなければならないこともあります。

でも人生で大切なのは仕事でしょうか？　ときに仕事より大切なもの、それが家庭です。

人生が豊かになるのは、仕事と家庭（プライベート）のバランス、ワーク・ライフ・バラ

ンス（WLB）が取れているからです。

とはいえ、言うは易くおこなうは難し。日本の働き方改革はいまだ道半ばです。残業は依然として多く、男性の育児休業は、他先進国とくらべて制度としては整っていても、価値観や社内の雰囲気が原因で取得しにくい現状があります。場合によっては復帰後に不利益が生じることもありますが、この不利益は男性に限らず育児休業を取得した女性全般が感じていることでもあります。

この本を読んでいるパパの中には、もっと主体的に家事や子育てに関わりたいけれど、生活を維持するためには仕事も大切だと悩んでいる方もいるかと思います。

では、発達障がい児を抱えていても〝家族はチーム〟として楽しく、実りある毎日を送っていくにはどうしたらよいか、次から考えていきたいと思います。

〝父親〟から〝親〟へ

〝母親〟の呪縛の話をしましたが、当然**〝父親〟の呪縛**もあります。

父親であることに縛られてしまうと「父親はこうあるべき」という固定観念から先に進

「父親だから〇〇しなきゃ」と思っていませんか？

養うために
稼がなきゃ
外で仕事をしてこそ
男だ
専業主夫は
変な目で
見られるかも
家族をまとめるのは
自分

めなくなることがあります。**パパも〝父親〟である前に〝親〟であり、ひとりの人間です。**ここを自覚すると楽になります。

結婚相談所で女性が男性に求めるものは、今でも収入です。男性自身も「男たるもの仕事の稼ぎで価値が決まる」となんとなく思っていませんか？　兼業主夫（たまに専業主夫）を自認する私でも、心のどこかにあるそんな価値観がときおり頭をもたげることがあります。

でももし、主体的に子育てをすると決めたのであれば、男の価値という考え方を見直した方がよいと思います。父親も母親もやろうというのはとても欲張りで贅沢なことです。できる人もいるかもしれませんが、**仕事や収入など、父親の担っていた部分は、ママに一部ゆずって良**

いと思います。

日本の男性の自殺原因のトップは「経済・生活問題」です。男性がひとりで抱え込みやすい**仕事や収入に関する部分をママにも担ってもらうのは「家族はチーム」と考える上でのメリット**になります。経済的に、家族の大黒柱でなければいけないというパパのプレッシャーは、夫婦ふたりで分担することにより軽減されます。実際、妻は「私も仕事をしているのだから、必要以上の収入はいらないしがんばる必要はない。それよりも家事育児をやってくれた方が、こちらも家事育児をやらねばというプレッシャーから解放される」と言っていました。実際に行動しなくても、そういった心の準備、余裕を持つことが、とくに障がい児を育てていく親には大切なことです。

父親から「親」になるアイデア①
夫婦の働き方を考えてみる

さて、発達障がい児のいる家庭では、働き方がより重要であることは先にお伝えしたとおりです。2000年以降、日本では専業主婦（夫）世帯数よりも共働きの世帯数の方が多くなっていますので、読者の方の多くが共働きをしながら子育てしているかと思います。そんななかで考えなければいけないのが、**夫婦のワーク・ライフ・バランス（WLB）**です。

パパのキャリア、ママのキャリア

パパの仕事とママの仕事について考えてみてください。

今の仕事は、一生続けたい仕事でしょうか。または一生勤めたい会社でしょうか。

もし、ママが一生その会社に勤めたい、キャリアアップしたいと考えていて、パパがいずれ転職したいと考えているなら、まずはママのキャリアを中心に家族の将来設計を考えてみてもいいかもしれません。

共働きでも、仕事に関してパパ中心に考えてしまいがちですが、**ママ中心に考えることによってパパの家事育児のボリュームを増やすことができます。**極論を言えば専業主夫になって、子どもとがっつり向き合うことも可能なのです。

わが家の場合、妻が基本的に外に出ていたい性格だったので、家事育児に関心があり、かつ、向いていたのはどちらかと言えば私でした。

妻は口癖のように「会社がいやになったら辞めていいからね。ただし辞めたらバイトはしてね」と言っていました。結局、同じ会社に20年勤めていましたが、いやでも会社にかじりついていなければというメンタルからは解放されました。

必要な世帯収入を想定してみる

子育てをするにあたって収入はあるに越したことはありません。昇進して収入を増やしたい、それは誰しもが思うことです。

しかし、ここでちょっと立ち止まって、収入が多ければ幸せなのか考えてみてはいかがでしょう。少し古いアメリカのデータですが、２０１６年のプリンストン大学の調査によると世帯年収が６００万円を超えると、幸せ度数はあまり上がっていかないそうです。

発達障がい児に限らず、子育てをしているとどうしても会社を休まなければならない、当日欠勤しなければならない、そこまでいかずとも残業ができない、といったことが往々にしてあります。

子育てでキャリアをあきらめるママが多いのが日本です。パパも子育てに関わる、となったらキャリアがどうなるかを含めて想定しておく必要があります。

同時に、**必要な世帯収入を算出してみることは大切です。**夫婦合わせての収入が十分であれば、昇進のための無理な仕事のやり方や残業を見直してみてもいいかもしれません。仕事のやり方を変えることを悲観する必要はありません。そのぶんの時間と関心を家庭に向けることは、お金ではかれない、十分価値のあることで幸せなことです。

また、ずっと同じ会社に勤める必要はないですし、子どもの手がかからなくなってきたら仕事に力点を置くことも可能です。日本の会社も働き方改革が進むなか、ずいぶんと子育て世帯に優しい環境になってきています。**世帯収入を含めて今後の働き方を考え、子ど**

もと向き合う時間を創出してください。

ちなみにフルタイム同士、共働きのわが家ですが、私が遅く帰ると妻に「なんでのんきに残業してくるんだ！　何のために私が働いていると思っているの。残業代なんかいいから早く帰って家事育児して！」と怒られることが何度もありました。上司より怖い妻の言うことが絶対なので、定時に帰るよう心がけていました。

個人収入より世帯収入

個人収入はどうでしょうか。

専業主婦（夫）世帯でも共働き世帯でも、パートナーの個人収入を知らない夫婦が約半数います。パートナーの収入を知っている場合でも、パパは「ママより収入が多くなければ」、ママは「パパの収入は自分より多くあってほしい」と思ってしまいがちです。結婚相談所で多くの女性が自分より収入のある男性を求めているということからも、世帯収入より個人収入を重視しやすいこと、男女どちらも性別役割に縛られやすいことをうかがい知ることができます。

ママから、「夫の方が収入が多いので、そのぶん私が家事育児をやらないと」という相談を受けることがあります。そんなときは、「日本は男女格差社会なので、男女で収入に差があります。ママは収入を130％に換算してパパに言ってみてください」と、アドバイスしています。

しかし、本来〝家族はチーム〟なのですから、収入で夫婦の家事分担を決めるのは不自然さを感じます。**生活する上で大切なのは夫婦の個人収入ではなく、合算した世帯収入です。**

もしママの方が収入が多ければ、パパは「ママより稼がなければ」というプレッシャーから解放され、別のことに力を使えますのでラッキーです。家事育児のモチベーションを上げていきましょう。逆にパパの方が多くても、日本の場合は30％の収入の下駄を履かせてもらっているのですから、威張ることなく謙虚でいましょう。働いているママに感謝しつつ、楽しく家事育児をしていくことをおすすめします。

ちなみにわが家では、収入は私の方が多かったのですが、妻が通勤時間含めて時給換算をしてきて「あなたの方が低い。業務効率が悪い」と指摘されたことがあります。くれぐれも**収入で家事育児を分担しない方が賢明**です。

父親から「親」になるアイデア②
家事育児の役割分担を考えてみる

スペシャリストよりジェネラリストを目指そう！

健常児の家庭でも、保育園（幼稚園）の保護者会、送り迎え、日々の準備など育児はとても大変です。発達障がい児の場合には特性によってさまざまな課題があるので、これらに加えて病院や療育センターなどにも行かなければならず、育児のボリュームはどうしても健常児より大きくなります。

そのため、夫婦の仕事の状況、子どもの様子、保育園（幼稚園）や利用施設の時間などを考え、合理的かつ臨機応変に夫婦で対応していく必要があります。**子育てで大切なのは、スペシャリストではなくジェネラリスト（いろいろな分野の知識やスキルをもつ人）になることです。**日々の子育てに関わることを、夫婦共同でマルチにやっていくことがカギになります。

私は10年前から『日本パパ料理協会』という団体の副会長をやっています。ここではよく、ママからは「パパは料理ができない」と言われ、パパからは「料理が苦手で」と言われるのですが、できないことはありません。自信を持ってください。ママだって最初から料理ができたわけではないはずです。ママのなかには料理が苦手でも作っている方がたくさんいますし、肢体不自由の方でも家事をこなしている人はたくさんいます。**必要なのはやる気と必然です。**

子育て中は、利用施設からの急な呼び出しやアクシデントがあります。発達障がい児であればなおさらです。そういったとき、ふたりとも家事のスキルを持っていて分担ができれば、時間を有効に使えて子どもと向き合う時間も増えます。**ママしかできない、パパしかできないことを減らすことが、結果として心のゆとりをつくります。**つまり、ワークシェアです。

家事分担表で役割を明確にする

家事育児における役割の明確化も大切です。

時間ができたからママの代わりに料理をしよう、洗濯をしよう、というのも大事ですが、もっと重要なことは**家事の主体性**です。何曜日と何曜日の料理と洗濯の担当はパパ、あるいは保育園の布団替えの担当はパパといったように、**役割を明確化することは意識を主体化してくれます。**

仕事が終わったら買い物に行って、子どもを迎えに行って、料理洗濯しなきゃ、というように、家事育児をしているときは常に気持ちを臨戦態勢にしているものですし、これらは基本的に毎日しなくてはならないことです。「時間ができたからやる」という姿勢は、まったくやらないよりはありがたいですが、ママはメンタル的にあまり休息ができません。

例えば、**「火曜日と水曜日はパパが料理と洗濯をするから私（ママ）は何もしなくてよい」**とママに思わせることが大切。そうなることによってはじめて心の安息も得られるのです。そのために**夫婦で家事分担表を作り、話し合いの場をつくるとよい**です。78ページの表を参考にしてみてください。

家事分担表をつくろう！

		月		火		水		木		金	
		ママ	パパ	ママ	パパ	ママ	パパ	ママ	パパ	ママ	パパ
朝ごはんの準備			○		○		○		○		○
布団の片付け			○		○		○		○		○
食器洗い（朝）			○		○		○		○		○
食器の片付け（朝）		○		○		○		○		○	
学校の支度	娘	○		○		○		○		○	
	息子		○		○		○		○		○
お菓子の準備		○		○		○		○		○	
夕食の準備		○		○		○		○		○	
塾の用意			○	○				○		○	
風呂	娘	○		○		○		○		○	
	息子		○		○		○		○		○
宿題	娘	○		○		○		○		○	
	息子		○		○		○		○		○
食器洗い（夕）			○		○		○		○		○
食器の片付け（夕）		○		○		○		○		○	
寝かしつけ	娘		○		○		○		○		○
	息子	○		○		○		○		○	
合　計		8	9	9	8	8	8	9	8	9	8

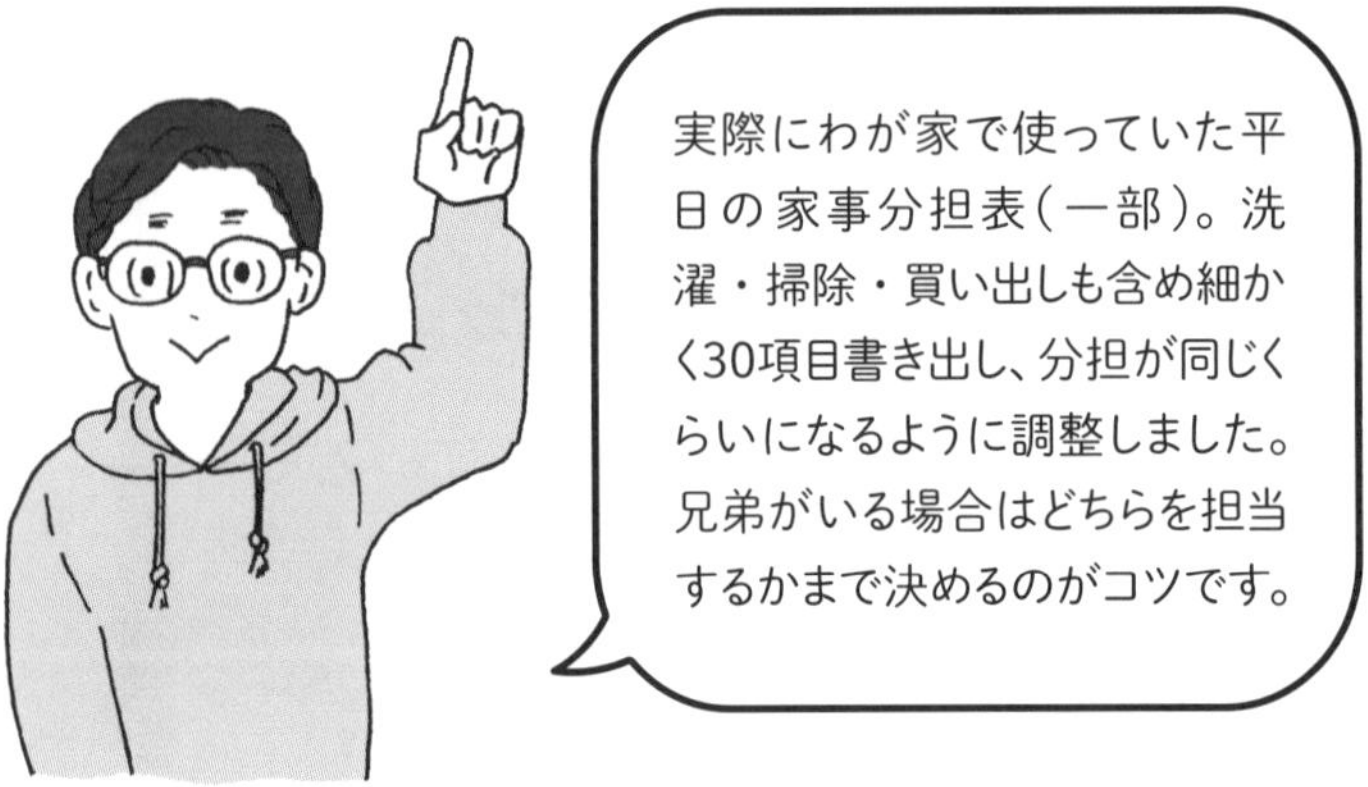
実際にわが家で使っていた平日の家事分担表（一部）。洗濯・掃除・買い出しも含め細かく30項目書き出し、分担が同じくらいになるように調整しました。兄弟がいる場合はどちらを担当するかまで決めるのがコツです。

仕事のコントロールをしやすい方が休む

最後に、平日の通院や保育園（幼稚園）の保護者会、子どもが病気になったときに、夫婦のどちらが休むかという問題です。なんとなくママが休むと決まっていないでしょうか。保護者会などに参加すると圧倒的にママが多く、ママがダメならパパが、となっているように思います。

会社で休みを取りやすい人、言いかえるなら、仕事のコントロールをしやすい人は、どのような人でしょうか。私の経験上、役職が上の人ほど自分の裁量で仕事ができます。なぜなら仕事を創出する側、もしくは仕事を割り振る立場にいるからです。

逆に言うと役職が低い人ほど裁量権はありません。仕事があったら決められた時間に作業をしないといけませんし、打ち合わせも相手の都合に合わせる必要があります。

一方で、正社員よりもパートタイムで働いている人の方が休みを取りやすくなっています。

ママだから、パパだからではなく、立場や時々の状況で、どちらが休みを取りやすいのかを夫婦で考えてみる必要があります。わが家では、子どもの急な発熱などで夫婦どちらかが休まなければならない場合には、**夫婦で「今日打ち合わせはある？」「その打ち合わせは内部？　外部？」と確認し合い、なるべく休みを取りやすい方が休むことにしていました。**

ちなみに未就学児が病気をする日数は年間約30日と言われています。もし周囲に頼れる人がいない場合、夫婦共同で休みを取っていかないとどの道、片方の有給が不足する事態になりかねません。

子どもの急な体調不良の際、有給以外に利用できる制度として「子の看護休暇制度」があります。小学校就学前の子がいる労働者は子ども1人につき年5日、2人以上は10日の看護休暇を取得することができます。時間単位の取得も可能です。

父親から「親」になるアイデア③ 夫婦間のコミュニケーションを見直す

日々の情報共有で温度差を埋める！

夫婦での会話はとても大切です。**夫婦で情報・課題を共有することは、共同で子育てしていく上で必要不可欠**なことだからです。

とはいえ、毎日仕事から疲れて帰ってきて、家事育児もやっているとなると、パパも心の余裕がなくなっているかもしれません。共働きの場合にはママも同じような状態です。そうすると、夫婦間の会話は少なくなりがちです。

逆に専業主婦（夫）の場合には頭を切り替える機会がないので、常に子どものことを考えている時間が増え、悶々《もんもん》とすることも多いでしょう。そのためパパ、あるいはママが仕事から帰ってくるなり、マシンガントークをすることになり、相手のそっけない態度にますますヒートアップしていく、なんてこともあるかもしれません。そうすると気持ちの温

度差がさらに生じてきます。

妻はよく「夕方からは戦場だ!」と言っていましたが、夕食作り（子どもは待てないので夕イムリミットあり）、大量の洗濯物、入浴、寝かしつけ……。とくに未就学児のうちはやることが膨大です。共働きなうえに、帰宅してからはそんな状態でしたから、夫婦での会話はなかなかできませんでした（寝かしつけをしているとだいたい子どもと一緒に寝てしまいますし）。

そんなわが家でしたが、夫婦で**子どもについての情報共有の場をもつ大切さは理解していたので、朝、夜の数分、メール、SNSを使って話すようにしていました。**また、妻からの提案で、定期的に話し合いの場を設け、その日は寝かしつけをしてもなんとか寝落ちしないように

表1：内容別　情報共有の頻度とツール

頻度	ツール	話し合う内容（例）
毎日	会話 メール SNS	園の配布物のチェック 連絡帳の内容確認 日々の様子の共有
週1	対面	行事前の相談 面談で園に伝える内容のすり合わせ 病院の診察内容の共有
月1	対面	進級・進学に関わる情報共有・課題 大きく気になることがあれば相談

していました。夫婦ともにリラックスして会話ができる貴重な時間だったと思います。

仕事で例えるなら、**朝の連絡会、週一のミーティング、大きなプロジェクトの会議……という感じで話し合いの場を設定すると、夫婦の意識の温度差は埋まってくる**と思います。とはいえ、「家庭に会社のやり方を持ち込むのは……」という方もいるかと思います。そんな場合には**一緒にテレビを見たり、お酒を飲んでいるときに、大切な話をちょっと盛り込んでいくことも手です。**

警察を巻き込んだ大げんか⁉

「ママと会話をしようとするけれど、ママは怒ってばっかりで会話にならない」とパパ友から何度か言われたことがあります。かく言う私も同じような感じでした。

娘が小学校低学年のころ、妻から娘のことで相談を受けましたが、自分のこととして受け止めず、何度も生返事をしていました。こうした私の態度に怒った妻とのけんかが勃発。言葉の応酬のすえに、「警察を呼んでやる！」「呼んでみろ！」というやりとりにまでヒートアップして、本当に警察を呼んでしまったことがあります。

両親のけんかにびっくりした娘は驚きの行動に出ました。自宅に来た警察の方に「この間、車に空き缶を投げてしまいました。ごめんなさい」と自首してしまったのです！（笑）警察の方は「車に当たっていないから大丈夫だよ」と優しく娘に言ってくれましたが、ただの夫婦げんかなのがわかったあと「夫婦げんかは犬も食わぬ、と言いますから」と言われて反省しました。あのときの警察の方には、今でも申し訳ない気持ちでいっぱいです。

夫婦関係は、試行錯誤・すり合わせの連続です。あきらめずにやっていきましょう。

キーワードは〝共感〟

ママと会話する際のポイントは〝**共感**〟です。

先ほどの私の経験からもそのことがよくわかります。妻が激怒したのは、私が妻の話に真剣に取り合わず、他人事のように生返事をしていたからでした。

例えばこんな場面をイメージしてください。

あなたはあるプロジェクトでリーダーを任されていて、一生懸命取り組んでいます。ところがクライアントからクレームが入りました。そこに、あなたにプロジェクトの進行を任せっきりにしていた上司がやってきて、事情をほとんど確認することなく、クライアントの意向にそぐわない一般的な解決策を提示してきます。あなたはプロジェクトのリーダーですからクライアントが怒った原因は知っていますし、上司が提示してきた案では解決しないこともわかっています。上司は、ただクライアントが怒っているというだけで、余計な提案をしてきているのです。こんな経験は、仕事をするなかで多くの方が経験していることかと思います。

実は、これと同じことをパパはママにしている可能性があります。先ほどの例えでいうと、リーダーはママ、上司はパパです。上司は最初に何をすべきだったのでしょうか。まずあなた（リーダー）の事情を聞いて、事実を把握し、〝共感〟することではないでしょうか。ママも同じ気持ちです。まず〝共感〟してほしいのです。

先に書いたとおり、パパとママでは子どもとの関わりの部分でどうしても時間的に温度差が生じてしまいます。だからこそ**きちんと事情を聞いて〝共感〟してほしい。パパにも自分事としてとらえてほしい**のです。

提案はお互いが冷静になってから

仕事と違うのは、夫婦だからこそ感情がむき出しになっていることです。だから、パパが取る行動はただひとつ。**ママが話す子どもの悩みを、ひたすら傾聴してください。**もしよい解決案があったとしても、まずはママの話を聞くことです。

ママが感情的になるときは、「パパが事情も知らないまま、もうすでにやっていることを指摘していたり、見当違いなアドバイスをしていたりするから」というケースが多いです。パパのとっておきの解決案を話しても、「何もわかっていない人が知った風なことを言っている」としか受け取ってくれず逆効果になります。

冷静に話せる雰囲気になってから（場合によっては翌日以降になるかもしれません）、「このあいだの話のことで、こんな案を考えてみたんだけど」と伝えてみると、ママも落ち着いて話を聞いてくれるはずです。やっぱりママも一緒に子育てをしているパパに期待をしているのですから。

夫婦関係には失敗もたくさんあります。警察を呼んでしまったわが夫婦ですが、それ以外にも、けんかして妻がネットカフェに行ってしまったり、怒り心頭の妻がこわくて、近くに住む妻の実家に逃げ込んだりしたことが何度もありました（妻の実家では、義父母がちやほやしてくれます）。妻もそれをわかっているので、クールダウンしたあとに「そろそろ帰ってきたら」と連絡をくれます。

人格を否定するような致命的なけんかをしてはいけないですが、子どもを思う気持ちが同じであれば、なんとか会話を継続しすり合わせをすることで夫婦関係は継続していけるはずです。それは子どもにとってもプラスに働きます。

家族というチームを動かすポイント

・「父親・母親はこうあるべき」という呪縛にしばられていることがある。ふたりいる親のひとりであることを意識しよう

・脱！　受身な「父親」！　協力するという意識をなくし、主体的な「親」になろう

・お互いの働き方や仕事への考え方をすり合わせ、将来設計をしよう。ただし、状況に合わせて柔軟な変更をすることも大事

・臨機応変に対応できるよう、家事育児のジェネラリストになろう

・コミュニケーションの肝は「共感」！　話しやすいツールや時間を決めて情報共有しよう

From ママ

コラム 3

表に立つパパ、裏方のママ
職場以外コミュ障ママさんの場合

ニックネーム：職場以外コミュ障ママ
家族構成：夫（46）、長男（13）、次男（9）、愛犬（ラブラドール）
子どもの障がい（長男）：ＡＤＨＤ

長男は、小学校4年生の夏休み前から教室で給食が食べられなくなり、不登校になりました。

発達支援センター・小児科を受診したところ自閉スペクトラム症と診断されました。しばらく通院しましたが小児科医となんとなくそりが合わず、知人から紹介された別の小児科医に診せることにしました。

そこで、ＡＤＨＤと診断されました。

診断されたとき、なるほどなぁとすっきりした気持ちになったのを覚えています。小児科医から伝えられた長男のこだわりや特性を「あるある！」と思って聞いていました。

1人目だったので比較対象がなく、育てにくいと思ったことはありませんでしたが、生まれてから診断の日まで悩みは尽きませんでした。「自分の関わり方がまずかったのではないか」、「もっとこうしたらいいのではないか」などのモヤモヤを抱え、とにかく疲れていたと思います。

パートナーは超人的にサポートしてくれました。育児休業をはじめ、家事、保育所や学校への重要な事務手続きなど、おそらく出産以外のすべてを担ってくれたと思います。しかも現在進行形です。

「ママは何をしているの!?」とお叱りの声が聞こえてきそうですが、私は多分、家事、息子の送り迎え、そしてお世話をしていたのだろうと思います。パートナーの半分もいろいろなことができていません。

実は、私は仕事以外では人見知りで（お酒が入れば問題ないのですが）、基本的に誰かに何かを伝えるということが苦手です。文章も、計算も、しゃべることも苦手です（大人なので苦手でもやりますが）。なのでパートナーが私の苦手なことをやってくれたのは本当に助かりました。

私は医療従事者でしたので、ありがたいことに診断後はいろいろと勉強する機会がありました。その中で学んだことをパートナーと共有し、長男に対しての私たちの意識や、目標などをすり合わせていきました。

当時は共働きで身近に頼れる人がいなかったので、お手伝いさんを雇ったり、長男は自分で決めたフリースクールにひとりで電車を乗り継いで通ったりしていました。

長男が6年生のとき、もともと通っていた小学校で別室を用意してもらえることになり、別室担当の先生がつくようになりました。先生との相性が良かったようで、修学旅行には参加することができました。その後も別室登校を続け、給食が食べられる日も増えていきました。

中学校進学に向けておこなった小規模特認校（学区関係なく、市区町村内のどこからでも就学できる学校）の1週間の体験入学も休まずに通うことができました。最終的に、小児科医がすすめる特別支援学校ではなく、地元から離れた学校に進むことを彼自身が決めました。

将来的なことを考えると特別支援学校へ進学する方が良かったのかもしれませんが、小さいころからの本人の特性として自分の意思を曲げるのは困難であるとわかっていたのでできませんでした。

中学校では楽しくやっているようですが、勉強のつまずきがしんどいときもあるようです。思春期に入り、家庭内での会話も少なくなっています。私の担当は主に送迎や裏方業務ですが、たまに声をかけられたときに最善を尽くせるよう気をつけています。

事情がありパートナーは退職をしましたが、働いているときも現在も、家のこと、学校のこと、地域のこと、さまざまな活動を通して子どもたちを見てくれました。原稿を書いている今は、冬休みの宿題に取り組む息子に粘り強く寄り添っています。

「発達障がいの子を育ててどうか」と聞かれても、私としては、「めんどくせえ！　やってらんないよ！」と思うことの方が多いです。パートナーの努力があるからこそ、私や子どもたちや愛犬は、楽しく生きることができています。感謝しかありません。ありがとうございます。これからもよろしくお願いいたします。

Chapter 4

パパができる子育て

先生とも力を合わせて

すると、川から大きな桃が……
ももたろう
ももたろう
日本
どんぶらこどんぶらこ
どんぶらこ〜どんぶらこ〜
母 どんぶらこ〜
き、気持ちの切り替えができるようになってる!
療育がんばってるもんな〜!
ないてる?

今日は、お父さんが来てくれてとても嬉しそうにしていました
いつもならみんなと一緒に遊んだりしないので……
そうですかそれは私も嬉しいです
家でも妻から子どもへの声かけなどを聞いて心がけています
ところで普段の園での様子をお伝えしたいのですが
ペラリ…
妻からは少し聞きセンターへの面談も同行しました
私も家での様子をまとめてきたので相談したいです
準備してくださったんですね よかった!
こちらも相談したいことがたくさんあるので少しお時間よろしいですか

パパができる子育て①
保育園・幼稚園・学校に行く習慣をつける！

子どもが平日、もっとも多くの時間を過ごす場所は？

子どもは日常生活をどこで過ごすことが多いでしょうか？

1週間の生活を考えてみてください。週末は24時間家庭で過ごしている子どもが多いと思いますが、平日はどうでしょう？　保育園に通っているなら、朝8時に登園し、迎えが18時だとすると10時間、幼稚園なら6時間くらいかと思います。保育園の場合、1日の3分の2以上、幼稚園でも3分の1近くを園で過ごしています。小学校に入学しても状況は変わりません。

親が子どもの状態を理解するためのいちばんの近道は、日中の園での様子を知ることです。**保育園・幼稚園、学校に行く習慣をつけること、保育士さん、先生と連絡を取り合うことがとても重要**になってきます。

送り迎えで先生、パパ友・ママ友とつながりをもとう

子どもが保育園に通っているなら、保育士さんと情報交換する場として最適なのは送り迎えです。毎日保育士さんと顔を合わせれば、ちょっとした短い時間でも子どもの様子を直接知ることができます。

メラビアンの法則によると、コミュニケーションを取る上で得られる情報の量は、言語情報7％、聴覚情報38％、視覚情報55％と言われています。これに則るならば、**電話連絡や連絡帳でのやりとりだけでなく、保育士さんと対面でコミュニケーションを取ることがとても重要**と言えます。その方がより多くの情報を得ることができますし、子どもの様子もリアルに伝わります。

仕事との兼ね合いもありますが、毎日が無理なら週の1～2日は送り、あるいはお迎えだけ担当するのでもよいと思います。

わが家の場合、私が子どもを保育園に送り、妻がお迎えを担当していました。夫婦で分担して送り迎えをすることは**時間節約と情報共有のしやすさの面で大変メリット**がありま

した。

パパのみ、ママのみの送り迎えでは、夫婦で子どもの事を話し合うときに、まず送り迎えをしている方が保育園での最近の様子、雰囲気を伝える必要があります。しかし、夫婦で担当していれば、リアルな現状をお互い知った上で話し合いをすることができます。

また、**保育士さんだけでなく、ママ友、パパ友とも情報交換をすることができます。**同じクラスの子どもたちに会えることも大きなメリットです。子ども同士の関わりを見ることができますし、クラスの子たちとつながりをもつことができます。私自身も朝、子どもたちに「行ってらっしゃい」と言われて、仕事のモチベーションが上がったものです。

子どもとの貴重な時間を楽しもう

最大のメリットは子どもとの貴重な時間が確保できることです。

私の家から保育園までは歩いて10分の距離でした。でも保育園までの道程には、たくさんの誘惑があります。道端の虫、橋の下にいる鯉やしらさぎ、春は桜にタンポポ、冬なら霜柱。娘は、いちいち立ち止まって動かなくなります。最初のうちは出社時間が気になりドキドキしていましたが、途中から時間に余裕をもって家を出ることにしました。

子どもの特性に気づく機会にもなりますし、仕事で忙しく心の余裕をなくしていた私には、笑顔で虫を探す障がいのある娘から日常の大切なことをたくさん教えてもらう機会になりました。

パパができる子育て②

保育参加・授業参観で子どもの特性を知る！

保育参加、授業参観で子どもの「今」を知ろう

保育園、幼稚園、または発達支援センターで日常の様子を知る絶好の機会が、保育参加（参観）です。

保育参加（参観）のやり方は施設によってまちまちですが、いずれにせよ、家では見ることのできない、保育園や学校（授業参観）という社会の中で子どもがどのように過ごしているのかを知ることができます。

私はこの保育参加が大好きで、必ず行くことにしていました。朝行くと、たくさんの子どもたちが次から次へと話しかけてきますし、一緒に遊んでとせがんでくることもあります。読み聞かせをやっていたので、みんな私に大注目してくれました。参加したらやみつきになること間違いなしです。会社でも、こんなに注目されることなんてありませんよ。

保育参加・授業参観のメリット

保育参加・授業参観のメリットは3つあります。

①基本的な生活スキルのレベルを知ることができる

ほかの子どもと比較してどこが同じで、どこが違うかということが自分の目で確かめられます。とくに長子の場合、自分の子どもが基準になりがちなので、同じ年齢の子どもとの違いを知ることはとても大切です。

できること・できないことは子どもによってさまざまですが、極端にできないことがないか、総合的に見てできないことが多いか少ないかを確認してみましょう。

チェックポイント

・ほかの子とくらべてブロック遊びはできているだろうか？　お絵描きはできているだろうか？

・保育士（先生）の言っていることは理解できているだろうか？
・お絵描き、工作、食事の仕方などに、ほかの子どもとくらべ困難さはないか？
・時間を理解しているか？　また、時間を守って行動できているか？

②クラスメイト、友だちとの関わりが見られる

発達障がいの場合、コミュニケーションに困難さが見られます。次のチェックポイントを確認してください。

チェックポイント

・みんなと遊ぶことを好まず、またはできず、常に一人遊びをしていないか？
・「鬼ごっこ」「だるまさんが転んだ」など、集団遊びのルールを理解して遊べているだろうか？
・友だちとの関わりの中で、極端な自己主張をしていないか？　または極端に消極的でないか？

③実際に施設での様子を見ながら、保育士さん・先生と話をする機会ができる

保育参加のあとには面談があることも多いです。もしないようなら、ぜひセッティングしてください。自分の目で見て気になったことをテーマに保育士さん・先生と面談することは、家庭と施設でどう支援するか、今後の方針づくりに役に立ちます。もちろん、方向性が決まったら、ママにも報告し、家庭で実践していくことが大切になってきます。

イベントは子どもの「貴重な」日常を知るチャンス

この保育参加を含めて、保育園、幼稚園、学校などでは、日ごろの子どもの様子を保護者に知ってもらいたい、または保護者と接点を持ちたいという考えから、多くの行事をおこなっています。多くのママはなんとか仕事の都合をつけて参加し、子どもの貴重な瞬間に立ち会おうとします。

パパたちも参加することが多い運動会や発表会はスペシャルな日で、子どもたちの日常ではありません。**発達障がい児の場合は日常の様子を知ることがとくに重要です。**

「保育参加に行くようパパにすすめても『仕事があるので行けない』と言われてしまう」

と相談されることがよくあります。本当に行けないのでしょうか？　常に育児より仕事を優先していませんか？

保育参加のある平日をイメージしてみてください。もちろん仕事は忙しいでしょうが、その日は年に数回ある大切な会議やプレゼンの日でしょうか？　そうでないのなら、365日のうちの、たったの1日、仕事を休んで保育園に行くことの価値は見いだせないでしょうか。

以前、ブラジルで仕事をしていたときに、ブラジル人のある女性から「仕事をすることは悪いことだって知ってる？」と言われました。仕事をすること＝よいことという、日本で刷り込まれた自分の価値観がガラガラと音を立てて崩れていったのを覚えています。彼女はクリスチャンなので安息日に働くことは悪いこと、というニュアンスもあったのでしょうが、**仕事はあくまで生活の一部であり、仕事よりも優先すべきことは人生においてたくさんある、**と私に伝えてくれたのです。

園や学校のイベントに参加することは、大切な子どもとママのためにも重要です。人生における仕事のポジションを考えなおしてみる良い機会になるかもしれません。

パパができる子育て③ 園や学校からの情報をキャッチする！

配布物は宝の山

園だよりや地域のイベント情報など、保育園、幼稚園からは多くの配布物が配られます。実は、小学生になるともっと増えるのですが、これも、**子どもの日常を知るための貴重な資料**になります。行事などのスケジュールも載っているので、家のカレンダーや手帳アプリに記入し、ママと共有することが重要です。

スケジュールだけでなく、遠足などの行事に必要な物の記載もありますし、給食は何を食べているのか（食物アレルギーや偏食を考える際にも確認しておくとよいです）、明日はどんなことをやるのかも把握することができます。連絡帳を記入するときにも必要です。

家庭によっては、ママは目を通すけれども、パパの手には渡らない「ママフィルター」

がかかっていることもあります。もし、配布物をまったく目にしていないパパがいたら、その可能性が高いのでママに聞いてみてください。また、この本を読んでいるママのなかに、「どうせ読まないから」と思ってパパに配布物を渡していない方がいたら、無駄とわかっていてもぜひパパの目につくところに置くように心がけてください。スマホで写真を撮ってメッセージで送り、共有するのもありです。夫婦の温度差を広げないためのコツです。

わが家では、**配布物を置く場所を決めていました。**先に読んだ方がプリント置き場に置き、あとに読む方は捨てます。または**家族会議の資料にしました。そうすると自然と夫婦の会話も増えていきます。**ちなみに子どもが小学生になると「ママフィルター」の前に「子どもフィルター」もかかるので、より注意が必要です。

連絡帳の記入も積極的に

「パパができる子育て①」（96ページ参照）で、日々の送り迎え担当を提案しましたが、どうしても時間的にむずかしいというパパにぜひおすすめしたいのが連絡帳の記入です。

連絡帳は、保育士さん・先生が保育園や幼稚園での子どもの様子を、保護者が家庭での子どもの様子を記入しお互いに共有するものです。家庭ではママとパパで週の半分ずつ分担する、またはおのおのが記入してみるのもよいと思います。

発達障がいがある場合には、施設や家庭のちょっとした気づきが支援に役立つことがあります。たった数行、5分でできます。ぜひ少しずつやってください。記入は子どもの様子を見ていないとできません。**記入を担当することによって子どもへの意識づけができますし、パパのなかで子どもの課題を整理することもできます。**

保育士さん、先生と面談をしよう

保育園、幼稚園では定期的に面談が行われます。発達障がいがある場合には、健常児とくらべて課題となることが多く、通常の面談だけだと足りないかもしれません。保育士さんや先生も情報を欲しがっていることが多いので、必要に応じてこちらからお願いして設定してください。**連絡帳の記入などで日々連絡を取っているとお願いしやすくなります。**

面談をするときは、事前に今の課題を整理しておいたり、先に連絡帳などで伝えておいたりすると有意義な時間になります。

私は保育園で面談をする際、課題を伝えると同時に、**療育センターで作成される「個別指導計画書」**をもとに保育士さんと話し合うようにしていました。発達障がいのプロである療育センターの情報を、娘と多くの時間関わっている保育士さんと共有することはとても重要だと思ったからです。保育士さんも日々悩みながら、熱心に保育をしてくれていました。「個別指導計画書」の共有は保育園と家庭での支援にとても意味のあるものでした。

また、**発達障がい児は非日常が苦手です。**健常児の親が心待ちにしている運動会、発表会などは、発達障がい児にとってはパニックを起こしたり、逆に必要以上に興奮したりするイベントでもあります。そのため発達障がい児を育てるママは、苦痛な日と思っていることも多いです。実際、妻は「運動会に行きたくない」と言っていました。

いつもと違う園の雰囲気、スケジュール、笛、ピストルの音。子どもは急に走ることを止めたり、踊りをしなくなったり、飛び出してみたり、出場しないと言いだしたり……。ドキドキの連続です。イベントの前に、**どのような対策を取れるか園とパパで話し合うことが大切です。**

個別指導計画書

○年度　○○(施設名)　個別支援報告

合同 花子 様　○年○月○日生（○歳）

実施期間　○年○月ー
作成者　出版 太郎

今年度の支援目標
・お友だちや先生とコミュニケーションが取れるように支援する。 ・気持ちの切り替えができるように支援する。
保護者の希望
・他者との意思疎通がとれるように支援してほしい。 ・気持ちの切り替えがスムーズにいくよう支援してほしい。
振り返り
どの活動にもよく参加しています。 衝動性が強く、気持ちが高ぶってしまうことがありましたが、場面を切り替えることで気持ちも落ち着いてきます。

コミュニケーション	
支援目標	伝え合うことの楽しさを知り、うまく相手に伝えることができるように支援します。
	振り返り
相互の意思伝達	普段の会話では、話が脱線してしまったり質問に答えられなかったりすることがあります。 遊びの中では周りの状況を見ながら行動できています。スタッフは見守りをおこない「お友だちと楽しんで遊ぶ」ことを大切にしました。
集団の関わり	思いついたことを話してしまうなど、衝動的な面があります。 お友だちに優しくお話しする場面もよく見られます。長所として大切にし伸ばしていけるとよいと思います。

興味・関心	
支援目標	気持ちの切り替えができるように支援していきます。
	振り返り
集団参加	どの活動にもよく参加しています。集中力もあり、姿勢保持もできています。次の活動に移るときも、スタッフの声かけがあればスムーズに取り組むことができています。

園と情報共有をするときのポイント

①配布物で共有

配布物は、子どもの日々の生活がわかる重要な資料。行事予定はカレンダーや手帳アプリでママと共有！

②連絡帳で共有

子どもの課題整理・成長記録として活用できる連絡帳。書くことによって子どもへの意識づけにつながります。１行からでいいので書いてみましょう。

③保育士さん・先生との面談で共有

定期的な面談の場を持ち、家庭・園それぞれが感じた課題や成長を共有しましょう。「個別指導計画書」をもとに具体的な対応を話し合うことも重要です。

パパができる子育て④ とことん遊ぶ！

生きる上で絶対に欠かせない「自己肯定感」

私は、発達障がいのあるなしにかかわらず、**これから子どもが生きていく上でいちばん大切なことは自己肯定感だと思っています。**自己肯定感が高いと、何事にも前向きに取り組めますが、逆に低いと〝できない〟が先に立ってあきらめてしまったり、または新しいことに取り組めなかったり、成長、自立に大きな影響を及ぼします。

「親が子より先に死ぬ」というのは発達障がいの子を育てる親の大きな悩みですが、**親ができることは、子どもが「高い自己肯定感をもち、社会のサポートを受けながらも自立ができるスキル」を身につける手伝いをする**ことです。自己肯定感を高めるには、**子どもとの時間をつくり、とことん遊んで、親子の信頼関係を高めていく**ことが重要です。

自分も子どもも関心がもてることで一緒に楽しむ

ところで、よく「パパならではの子どもとの関わり方、遊び方って何でしょうか？」と質問されますが、パパならではの関わり方と言われても……というのが正直なところです。

私の周りのママたちのなかには、ダンス、サッカー、ボルダリングなど身体を使った遊びや運動をするパパ顔負けのアクティブさをもっている人もいます。

なので、性差にあまりこだわらず、**「パパの得意分野で子どもと関わるのがいちばんよい」**と思います。もちろん子どもの特性によってはかならずしも当てはまらないケースもあると思いますが、パパだって得意なことはいくつかもっているはずです。どれかひとつは子どもがハマるものがあると思います。

参考までに私の場合は、小学校までは、図書館で大量の絵本を借りてきて毎日読み聞かせをしたり、料理やバルーン作り、ゲームなどをやったりしていました。また旅行が好きなので、春～秋にキャンプやトレッキング、海にシュノーケリング、冬はスキーとスケートに必ず行き、2～3年に一度は、10日前後の海外旅行に行くことをノルマにしていました。いずれも私の得意なこと、好きなことです。

パパ友のなかには、パパの鉄道好きが子どもに伝播《でんぱ》して、週末はとにかくいろいろなところにふたりで出かけている親子もいます。その子は読める漢字が増え、体力もついてきたようです。

大切なのは**パパ自身が得意だったり、楽しんでできたりすることでないと長続きしない**ということです。私も、「微細運動（手先の細かい作業）が苦手な娘にビーズ作りはトレーニングになるのではないか？」と思い、買ったことがありますが、ビーズで娘と遊んでいたのは妻ばかりで、最終的に妻に怒られたことがあります。

自分自身が関心のないことは続きません。子どもが女の子でも男の子でも、パパと子どもが楽しめることで関わることをおすすめします。

子どもの特性に合った遊び方の工夫をしよう

大切なのは、**どんな遊びであっても、発達障がいの子どもは何かしらの困難を抱えている**ということです。

例えば、出かけるなら、時間の見通しを立てやすいようにスケジュール表を作る、持ち物チェックリストを作る、しおりを作ることが必要になります。私は国内旅行、海外旅行に行くときは、写真を多用し、ほぼひらがなで書いた子ども用のしおりを作るようにしていました。

身体を使った遊びをするときも、指示理解が苦手な子どもには視覚化してあげたり、ひとつずつ教えていったりすることが必要です。出先でかんしゃくを起こしたら原因を探り、落ち着くまで待つことも必要です。

また、ただ単に遊ぶのではなく、例えばバランスを取ることが苦手な子どもであればスケートボードをやってみるなど、**訓練になることを遊びのなかに盛り込んでいくことが大切**です。こうしたことを夫婦で相談して意識的に実践しましょう。面談で保育士さんや先生と話し合ったことを書き留めておくと、やりたい遊びを考えるのに役立つことがあります。

どんな遊びがよいのか、どんな遊び方がよいのかは子どもによってさまざまです。「メインマン・プロジェクト」では、コロナ禍前に自然観察会をやっていました。自然観察会は予定通りに進めたい自閉スペクトラム症の子どもにとっては苦手なイベントです。昆虫はふいに現れるので、そのたびにスケジュールはずれていきます。逆にＡＤＨＤの子どもは大興奮です。ルート先に想定していないもの、例えば絵描きさんが絵を描いているのを見つけるとじっと立ち止まってしまう子もいるし、目もくれずどんどん先に行ってしまう子もいます。

そのため「メインマン・プロジェクト」の自然観察会は、その特性や性格によって子どもたちがバラバラになります。もちろん大きな問題にならないようにかなり時間に余裕をもって計画していました。

発達障がいの子どもたちはとても多様です。試行錯誤してください。上手くいくことはなかなかないので、５つ遊びをやって１つ成功すればしめたものです。あきらめず根気よく挑戦してみてください。

子どもと遊ぶときのポイント

パパ自身が楽しんでできることならどんな遊びでもOK ！
ただし子どもの特性に合った配慮が必要になります。

**本気で
子どもと遊ぶ**

忘れがちだけど
とても大切なこと。

**出かける前に
持ち物チェック**

持ち物を紙に書き出して、
確認してから出かける。

**スケジュールの
明確化**

行く場所を伝える・
視覚化する。
行ったことのない場所は
写真があると
good！

**遊びの
回数の明示**

子どもが飽きるまで
やらせるのもよいが、
回数を伝えて
区切ることも大切。

**子どもの様子を
よく観察する**

遊びは成長・課題を
見つけるチャンス。
気になる行動があったら
夫婦で共有する。

パパができる子育て⑤ 祖父母・地域の人との橋渡し

祖父母との関わり方

発達障がい児を育てるママたちからときどき聞くのが、親戚、とくに祖父母の発達障がいに対する無理解、偏見です。「孫が問題を起こすのは母親の育て方が悪いから」という誤解をしていることがあります。

発達障がいの社会的認知は以前とくらべるとずいぶんと広がっているものの、「育児は母親がやるもの」というジェンダーバイアスと、障がい者差別が絡まってママを苦しめています。読者の方はご存じの通り、**パパに子育てに関して責任がないわけではないですし、いわんや発達障がいはママの子育てが悪いわけではありません。**

こういったスタンスの祖父母に対しては、**パパがママの盾になりましょう。**祖父母のもつ偏見や差別をなくして受容してもらうことはなかなかむずかしく時間もかかることですが、「母親が子育てをすべき」という価値観をもっているということは、裏を返せば亭主関白の価値観が健在であるとも言えます。パパが「子育ての責任はふたりでもつ」と伝えれば、納得はしないものの一歩引いてくれるはずです。

その上で、発達障がいのことを両親に知ってもらうために、時間をかけて孫の様子を伝え、説明していきましょう。親であっても受容するには時間がかかります。祖父母ならなおさらです。**祖父母が受容できるまで、パパが窓口になりママを守っていきましょう。**

私の両親も妻の両親も発達障がいへの理解はありませんでしたが、そこまでの偏見もありませんでした（娘が特別支援級に行くと決まったときには「『あ〜』とか、『う〜』とかしか言わない子どもたちが行くところでは？　そんなところに行くような孫には見えない」といった偏見はありました）。

ただ、孫の行動が理解できない様子も見られたので、とくに遠くに住む私の親には、発達障がいの説明をすると同時に関連する書籍を何冊か渡しました。親は本を読んでくれましたし、会ったときに直接娘の得意不得意を説明したことで気をつけて接してくれるようになりました。また、近くに住んでいる妻の両親は、ありのままの孫を受け入れてくれました。

核家族化が進み、子育ては〝孤育て〟になりがちです。ファミリーサポートなどの制度を利用することも大切ですが、祖父母が発達障がいへの理解を深め、協力してくれるようになると、共働き夫婦にとっても専業主婦（夫）にとってもとても力強い存在になります。

昨日の敵は今日の味方。矢面に立っている大統領のママを、裏で政治工作してどんでん返しできる外交官はパパです。

地域の人に障がいを知ってもらおう

「メインマン・プロジェクト」では、立ち上げから3つのテーマを掲げています。

①パートナーと協力して、障がい児を育てよう
②障がいを理解し、障がいを理解してもらおう
③障がい児を地域のみんなで見守り一緒に育てよう

「障がいを理解し」は言わずもがな本書のメインテーマですが、「障がいを理解してもらおう」「地域のみんなで見守り一緒に育てよう」という周囲の人への働きかけもとても大切です。

子どもが生活している場所は、自宅の周辺と保育園、幼稚園、学校です。**子どもが生活をおくる空間とそこに住む人たちをよく知ることは、子どもをより知ることになります。**

また、社会的に発達障がいの認知度がここ10年でずいぶんと上がってきているとはいえ、正しい知識が知られているかといったらそうではないのが実情です。発達障がい児は見た目ではわかりにくく、ところどころで理解できない行動を取ってしまうことがあります。人間は正体がわからない人・こと・もの・行動に対して不安を感じるので、地域の方々は「なんか変な子」「危険な子」と思いがちです。

小学生だった娘も、一緒に遊んでいた友だちの言っていることが理解できず急にイライラして叩《たた》いてしまい、電話をしてきたその子の母親に妻が平謝りするようなことが何度もありました。でも相手の母親に発達障がいの知識が少しでもあれば、不安も薄らぎ、場合によってはサポートしてくれる関係性になれることもあります。

保護者会・PTAへの参加からはじめよう！

まずはパパもママも地域に飛び出していくことをおすすめします。

手はじめにいちばん接点があり参加しやすいのは、**保護者の集まりである保護者会やPTAです。**くじで引いたから、じゃんけんで負けたからといったきっかけで役員になるケースが多いかもしれませんが、とくに発達障がいの子を育てる家庭の場合、委員になるメリットがあります。

まず、**保護者同士が仲良くなることによって、自分の子どもの顔、名前、様子を知ってもらうことができます。**そうすると、子どもが問題行動を起こしたとき教えてくれる可能性がありますし、ほかの人に迷惑をかけてしまったときに味方になってくれることもあります。

発達障がいの子はコミュニケーションが苦手です。娘は小学生のころ、友だちに「(娘が持っているシールや文房具が)欲しい」と言われるとすぐにあげてしまうことがありました。

発達障がいの子を育てる親は、こちらが悪くなくても、つい子どもが何かしたんじゃないだろうかと加害者側で発想しがちです（妻は一時期、電話がかかってくるたびに「また娘が何かしたのでないだろうか」と思ってしまい、電話を取るのがいやだった時期があるほどです）。そのため、娘があげてしまった文房具を返してもらうのにも引け目を感じてしまうときがありましたが、相手の保護者の方が知り合いだったので、比較的簡単に返却してもらえました。

保護者と仲良くなれれば（障がいを理解してもらうという前提はありますが）育児のサポートをし合えることもあります。**ひとりとつながることから、保護者の関係は広がっていきます。**

もちろん発達障がい児は手がかかるので「役員をやっている余裕はない」という声ももっともです。だからこそ、ママ任せにせず、**パパが積極的に家事育児に関わり家庭に若干の余裕がある状況をつくっておくこと、そしてパパが積極的に地域と関わることは大きな意味があるのです。**

逆に、保護者会にママが参加することが多いのなら、家のことはパパが、委員はママがやるという役割分担でもいいと思います。個人的にはパパが行って新しい風を吹かせてほしいです。

わが家が保育園の保護者会の委員をやったときは、夫婦ふたりでやるようにしていました。都合のつくどちらかが出席すればよいのです。会議の結果は夫婦で共有していたので、問題ありませんでした。

カミングアウトで味方を増やす

保護者会・PTAへ参加することで、地域とのつながりをつくる重要性をお話ししましたが、その上で、**心の整理をして可能であれば、地域の人に子どもの障がいと発達障がいについて伝えること（カミングアウト）が大切です。**

お伝えした通り人間はわからないものに不安を抱きます。でも、発達障がいがあるとわかっていて、知識を少しでももっていれば、対応も変わってきます。

もちろん障がいを隠したいという気持ちもわかります。巡り巡って子ども本人が「自分が発達障がいである」ということを知ってしまうんじゃないか、避ける保護者がいるのではないか、かわいそうという目で見られたくないなど複雑な思いがあると思います。

ただ、よいこともたくさんあります。子どもが発達障がいだと知った保護者の方々は、保育園、幼稚園のイベント、それ以外の場でも発達障がいの特性に合わせたサポートや配慮をしてくれるようになります。**子どもが困ったときにサポートが入るので、本人にとって生活しやすい空間になります。**

私は、保護者会の会議で委員の方に、娘が発達障がいであることを伝えていました。また、通常級に通っているときには、同じクラスの保護者の方向けにＡ４で簡単な資料を作り、集まりの場で適宜伝えるようにしていました。

たしかに10人いれば1人、2人は、白い目で見る人もいるかもしれません。離れていく人もいるでしょう。でも、伝えなければ、発達障がいを知らない保護者の大多数は問題のある子だと思ったままの可能性もあります。**障がいを伝えれば、大半の保護者は味方になってくれます。**

知ってもらうことは、子どもの居場所をつくること

約10年前、「メインマン・プロジェクト」を立ち上げたころは、カミングアウトを積極的にすすめていませんでした。とてもデリケートな問題だからです。でも、カミングアウ

トすることに意味があると気づかされたのは、娘が小学4年生で特別支援学級に編入したときです。私は小学校の「親父の会」のメンバーで、毎月ある定例会の前に、それぞれのパパの得意分野でセミナーをやっていました。そこで思いきって発達障がいのセミナーをやってみると、メンバーのみんなに大変感謝されたのです。「イベントなどで、特別支援学級の子どもたちのサポートをしたかったのだけれど、どうすればよいかわからなかった。ありがとう」という声が寄せられました。

その後、メンバーのパパたちがイベントの際に口頭指示だけでなく張り紙をしてくれたり、マラソン大会でコースを覚えきれず気持ちが折れそうになる子どもたちの並走をしてくれたりするようになりました。

ほかの親に同情されたくないといった気持ちがあるかもしれません。でも、**子どもの生活の場では合理的配慮（障がいのある人の活動などを制限しているバリアを取り除くために可能な支援やサポートをおこなうこと）が必要**です。カミングアウトすることでデメリットもあるかもしれませんが、はるかにメリットの方が多いです。**カミングアウトは、子どもが暮らしやすい場にするために大切なことだ**と今では言い切れます。

カミングアウトをしたいと思ったら

カミングアウトはデリケートな問題です。子どもや自分の状況に合わせて判断することが必要ですが、もし周囲に伝えると決めたら次のような伝え方を心がけるとよいでしょう。

○年○組の保護者の方へ

■○○(通級)について

娘は9月より、「○○」に週に1回通っています。コミュニケーションを取ることが苦手なお子さんが多く通う教室です。

娘はコミュニケーションを取ることが苦手です。その背景には、「ボキャブラリーが少ない」「複数のことを同時に理解することが困難」「予測することが困難」という特性があります。

【ポイント】 通級指導教室に通っている、保健室登校をしているなどの場合はその説明から入るとスムーズです。続けて、子どもが苦手なこと・つらいと感じていることについてもここでふれます。

■発達障がいについて

日本では、こういった生きづらさを感じている子ども(大人も)を、「発達障がい」と言います。……娘は、○○と診断されています。本人にはまだ障がいのことは伝えていません。……

【ポイント】 発達障がいとは何か、子どもの障がいは何かを説明します。本人への告知の有無、親として障がいをどう考えているか、カミングアウトに際して不安なことなども伝えると安心です。

■みなさまへのお願い

今後、お子さまをはじめ学校関係者のみなさまから娘について聞かれることがあれば「苦手なことはあるけど、病気ではなくそういった性格の子」という説明をしていただければ助かります。

【ポイント】 保護者・クラスメイトへのお願いや予告しておいた方がよいことがあれば伝えます。

パパには居場所が必要だ

父親の孤立化

地域での関わりをはじめとする家と職場以外の居場所（サードプレイス）は子どものため、家族のためになるだけでなく、パパ自身にとってとても意味のあることです。

私は東日本大震災から数年間、仮設住宅へボランティアに行っていました。そこで見たことのひとつが**「父親の孤立化」**です。

震災は災害にあった人の家族、友人、家、職場など多くを奪っていきました。そんななかでも仮設住宅で健気《けなげ》にがんばっていたのが母親、女性でした。また多くの子どもの笑顔を見てきました。これらの姿を見て、ボランティアたちも励まされ、モチベーションにつながっていました。

でも男性（父親）は、なかなか気持ちを切り替えることがむずかしかったようです。全員とは言わないまでも、仮設住宅でさまざまな企画を立てても、参加するのは女性、子どもが大半で、成人男性はこちらから呼びに行ってようやく来てくれる状態。ボランティアの仲間とも、どうしたら父親が参加してくれるのかを課題にしていました。

女性、子どもが気持ちを切り替えられたのは、職場、学校を奪われても地域との関わりをもっていたり、関わり方を知っていたからです。

でも父親は震災前、家族のために職場と家の往復で、地域の居場所、サードプレイスをつくっていなかったためつながりがなく、また、関わり方もわかっていないようでした。

PTAや親父の会、それ以外にも多くの地域活動があります。もし父親にそれらの参加経験があれば、地域との関わりはもっと違ったものになっていたはずです。

ワーク・ライフ・ソーシャルの重要性

FJでは「ワーク・ライフ・ソーシャル」という考え方を提唱しています。ワークは仕事、ライフは家庭、ソーシャルは地域社会とのつながりです。

ワーク、ライフ以外の「サードプレイス」である地域の居場所をつくることで、よりメ

図4：ワーク・ライフ・ソーシャル

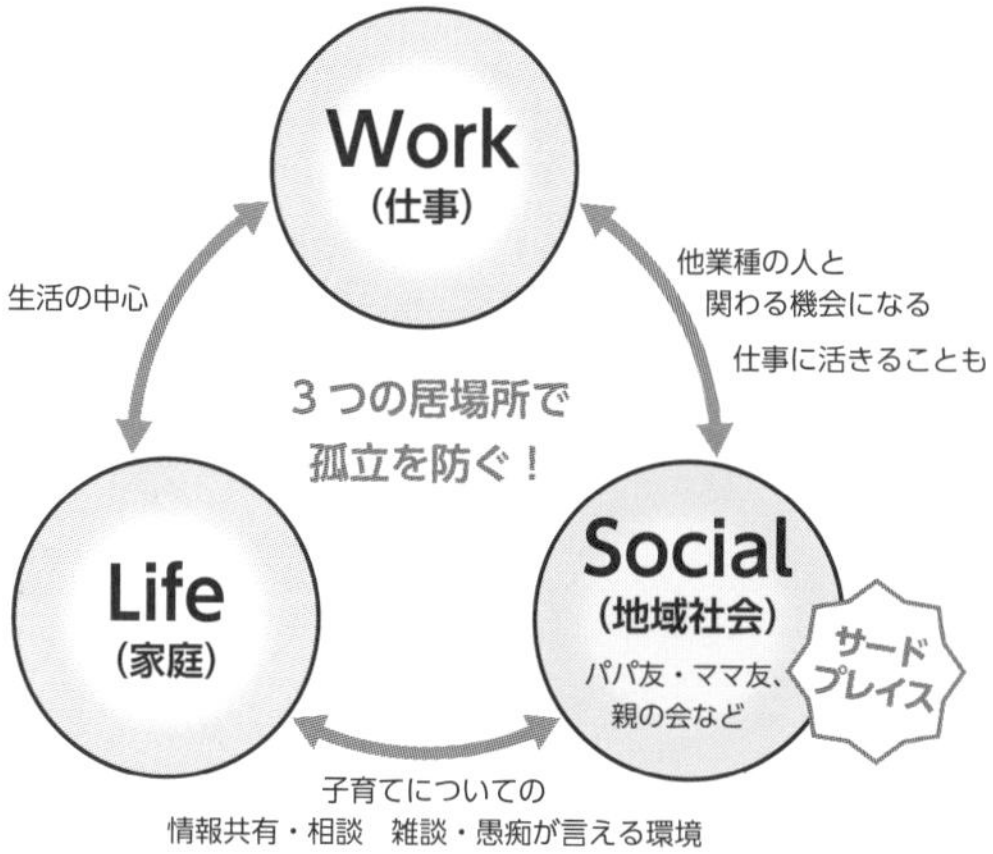

ンタルが強くなる、人生が豊かになるという考え方です。

私は、FJの活動を通して全国のパパたちと友だちになっていますが、地元のパパ友、ママ友もたくさんいます。週末にこういった友だちと話さない日はほとんどありません。ここでの人間関係は、仕事や家庭とはまた別の視点、考え方を得ることにも役に立っています。

会社の人と話をすることも仕事を進める上で大切ですが、同じ会社にいるとどうしても似たような発想になります。

でも、地元の友だちは違います。自営業の人、社長、フリーランスの人、まったく別の業種の人など、多彩な生き方、職業の人と話すことができます。仕事で困っているとき、自分にはないまったく別の発想でヒントや解決策を教わることがあります。リストラにあった友人をみんなでサポートしたこともあります。

地域での活動は、保護者会、ＰＴＡ、親父の会以外にも、地域よってさまざまあります。子ども会、少年野球、サッカーのコーチや消防団、体育振興会、青少年育成会、もちろん障がい児の保護者の団体もあります。

子どもとママのため、災害時のため、そしてパパ自身のために、地域活動に少しでも関わってみてはどうでしょうか。

パパができる子育てポイント

・園・学校に足を運ぼう。集団の中での子どもの様子を知ることで、子どものできること、できないことが見えてくる。先生、保護者とのつながりもできて一石二鳥！

・配布物、連絡帳、面談は子どもの日々の生活がわかる貴重な資料。なんでも活用しよう

・子どもとの遊び方は無限にある！　好きなこと、得意なことからレパートリーを増やそう

・祖父母、保護者、地域の人と子どもをつなぐ架け橋になろう。地域に居場所がひとつでもあれば「父親の孤立化」は防げる

おしえて！ 高祖先生

子育てアドバイザー、キャリアコンサルタントとして多くのパパとママに「感情的にならない子育て」を伝えている高祖常子先生。ほめ方や叱り方、効果的な声かけの仕方について、高祖先生に教えてもらいました！

子どもへの声がけの仕方

「子どもへの声がけをどうしたらいいのか？」と悩むパパも多いでしょう。発達障がい児だからと言って、特別なスキルや法則があるということではありません。

健常児を育てているパパでも、子どもへ声がけしてもなかなか動いてくれないこともありますよね。それはどんなときでしょう。「走らない」「早くしなさい」「なんでわからないの？」なんていう言葉をかけているときが多いのではないでしょうか。

親は、「普通わかるだろう」「遅いから早くって言っているんだ」と思うかもしれませんが、子どもとしては、「何を早くしたらいいのか」と思っているかもしれません。

親がいら立って語気を強くすると、「なぜそんなに怒っているんだろう」といやな気持ちになっているかもしれません。

「なんでわからないの？」って言われても、「わからないから困っているんだよ！」って思っているかもしれませんよね。

心がけたいのは、否定形を伝わないこと。まるごとにせず、やることを分けて1つずつ伝えるということです。

「肯定文で具体的に」伝えることを意識してみましょう。

大人同士でも、伝わっていないことが多いものです。ちょっと言い方を変えるだけで、子どもに伝わりやすくなります。そして、「できたら認める」。これをくり返していくことが、**子どもの自己肯定感を育んでいきます。**

3大言いがちワードを言いかえてみよう！

●スーパーで買い物中に……

走らない！ → **歩こう！**

手をつなぎ、歩幅を合わせながらゆっくりと歩いてみましょう。

●朝の支度中に……

早くしなさい！ → **ズボンをはこう**

「早くしなさい！」では、何を早くしたらいいのかわかりません。「ズボンをはこう」「次は上着を着よう」と1つずつ伝えましょう。1つできたら「できたね」とほめることも忘れずに。

●何度言ってもできないとき……

なんでわからないの？ → **まず○○をやってみよう**

「なぜ？」と言われると問い詰められているような気持ちになります。今の状態を1つずつ解決できるよう簡単なことからやってみるように促しましょう。

親自身が見通しを立てる

「今していることを終わりにする」「次のことに取りかかる」など、場面を切り替えるときに、言うことを聞いてくれなかったり、かんしゃくを起こす子もいるでしょう。これは健常児にもあることですが、発達障がいの子は、この気持ちの切り替えがむずかしい傾向にあります。

実は子どもにとって、親の指示は突然なことが多いのです。

大人は、自分の頭の中で時間を把握していたり、今日やること、これからやることなどのタイムスケジュールを無意識のうちに考えています。そのために、子どもが夢中で遊んでいるときに「もうこんな時間、帰るよ！」と急に声をかけたりします。でも、子どもとしては、先の予定をすべて把握して逆算しているわけではありません。今夢中になって遊んでいるのに、急にそれをやめなくてはならないということになれば、「やだ！」と言ったり、気持ちを切り替えられずにかんしゃくを起こしたり、場合によってはパニックになってしまう子もいるでしょう。

まずは、**親自身が見通しを立てるようにしましょう。**

遊びはじめるときに、子どもに「今日は5時まで遊ぼう」などと声をかけ、帰る時間が近くなったら「もう少しで帰るよ」「そろそろ帰るから、ブランコあと10回にする？」などと細かく予告します。

朝の段取りも、毎日やることをルーティーンにすると、落ち着いて取り組むことができるようになる傾向があります。順番を書き出して、イラストなども入れて、わかりやすくして貼り出すのもおすすめです。

カバンに入れるものも、イラストに描いてあげるといいですね。

叱るときは、1つだけ、短く、きっぱり

ほめ方叱り方に困っている親も多いのですが、**そもそも叱り過ぎてはいないか？ と振り返ってみましょう。**叱ることは、危険から守る、人を傷つけないなど、行動に線引きするために必要なことですが、毎日何度も叱っているとそもそもの効果が薄れます。

叱る親の方も疲れますが、叱られる子どもも悲しくなります。ましてや、叩かれることがあれば、子どもがおびえたり萎縮する可能性もあります。

朝の支度を分解すると……？

朝の支度を細かく分けて考えます。順番を書き出してイラスト付きで貼り出すとルーティーン化することができます。

❶おきる

❷あさごはんをたべる

❸はみがき

❹きがえる

❺かばんにいれる

❻しゅっぱつ！

叩くことは絶対にやめましょう。つい声を荒らげてしまうことがあるかもしれませんが、子どもによっては大声をこわがったり、パニックになる子もいます。トラウマになってしまうと、同じような場面に出くわすだけで、毎回パニックになるということも起こります。親子ともに大変なことになりますから、なるべくおだやかに接することができるよう、親は日ごろからイライラをためないように心がけることが大切です。

叱るときは、「近づいて、短く、きっぱり」が基本です。

幼児はもちろんですが、とくに発達障がい児の場合、「あれもこれも……」と長々と説教したり、なぜ悪かったのかと事細かく説明しても伝わりません。叱る目的は自分のストレス発散ではなく、子どもが危険なことをくり返さない意図でおこないます。

やってはいけないことを「1つ」だけ、きっぱりと伝えましょう。「○○は危ないから、触らない」という感じです。

そして叱らずにすむよう生活環境を整えてみましょう。子どもにしてみたら「これなんだろう」とつい触りたくなってしまう魅力的なものということです。危ないもの、触っては困るものなら、触れないような場所に片付けてしまいましょう。

たとえば、いつも道を飛び出しそうになるなら、幼児の場合は手をつなぐ（場合によってはハーネスをつける)、道順にこだわりがないようなら、回り道になっても別な道を通るという方法もあるかもしれません。もちろん、134ページで紹介したように肯定的な表現で伝えたり、「手をつないで歩く」ことを練習してみることも大事です。

叱る前に、叱ることを減らす工夫を考えてみましょう。

ほめて「できる」を増やしていこう

子どものこと、ほめていますか?

ほめることとは、子どもをよく見ていないとできないことです。誰かとくらべてほめるのではなく、**がんばったこと、今までできなかったことができるようになったことを認めていきましょう。**

ほめること自体、子どもの自己肯定感を育むのにとてもよいことです。できれば、名前を入れて、具体的にほめることを心がけてみましょう。「○○君が手伝ってくれて助かったよ」という具合です。「ありがとう」「助かった」というだけよりも、子どもの心に響きます。**できたことに注目していくことで、いい行動が定着していきます。**

ほめ方のコツ

コツ 1 「○○してくれて」で具体的にほめる！

Good
ありがとう
うれしいな
Very Good
○○ちゃんが
お皿運んでくれて
助かったよ
役に立てて
うれしい！
またやろう

コツ 2 「結果だけ」をほめずに細かくほめる！

NG
……
何度も教えたのに
ひとりで靴をはけるように
ならないな
どうしても
うまくできない！
もうやりたくない！
Very Good
うさぎさんのマークが
ついている靴は
どれかな？
（自分の靴を指さす）
すごい！ すぐに
見つけられたね。
次は靴を……
（次のステップを伝える）

できなくて困っていることがあれば、子ども自身も「やりたいのにできない」と悔しい思いをしているかもしれません。子どもができなくて困ったり、かんしゃくを起こしたりする場面や状況をしっかり把握するようにしましょう。

まずは、小さいことからトライさせてみることです。これを**スモールステップ**といいます。

例えば「靴を履く」で考えてみましょう。大人は無意識にやっていますが、手順を分けるとつぎのようになります。

自分の靴がどれかわかる⬇置いてある場所がわかる⬇靴箱から出す⬇靴の左右がわかる⬇玄関に置く⬇面テープをはがす⬇足先を入れる⬇かかとまで入れる⬇面テープをつける⬇もう片方の靴を履く

子どもの靴を入れる靴箱の定位置を決め、低年齢の場合はマークなどつけると「自分の靴」だとわかりやすくなります。

まずは、「ぼくの靴はどこにあるかな」と自分でわかるようにします。「じゃあ出してみよう」と靴箱から出し、玄関に靴を置きます。「面テープをはがして」と指示してできたら「じゃあ、足を入れるよ」という感じです。毎日、くり返すことでできるようになったら、「○○君、自分で靴を履けるようになったね」と認めましょう。

このようにスモールステップに分けることは、親も辛抱強く子どもと向き合うことになるので、時間がかかったり遠回りに見えたりします。でも、できることが増えていくことは、子どもも嬉しく、親もラクになります。

子どもが、疲れていたり眠かったりすると、できないことが多くなります。これは健常児も同じです。さらに、がんばらせ過ぎないことも大事です。「もうちょっとでできるのに」と思うことも多々ありますが、**「今日はこれができるようになったね」と余力を残しておくことも大切です。**

小さな変化をキャッチして、できることに目を向ける

発達障がいの子どもの場合、できないところが目についてしまって、「なぜできないんだろう」とイライラすることも多いかもしれません。**そのイライラは「大丈夫かな」「こ**

の子が困るのではないかな」という親としての不安の表れでもあるのです。

イライラしてはいけないということではありません。でもイライラを強く感じるなら、それは不安が大きかったり、疲れていたりするからということもあるでしょう。

「イライラすることが多い」「怒りが爆発してしまいがちだ」と感じたら、それは親自身が困っているサインだとしてとらえてみましょう。怒りのひとつ手前の気持ちを客観的に見てほどいてみると、何に対してパパ自身がいら立っているのか、不安なのか、悲しいのかが見えてきます。そして、可能なものは手当てをしてみましょう。

発達や関わり方に対しての心配なら、療育の先生や保健師、保育士さん、先生などの専門職に相談しましょう。忙しくて疲れているなら、パートナーと相談したり、働き方を見直したり、ファミリーサポートや一時預かりなどの利用も検討できます。できるだけ、親子が穏やかに笑顔で過ごせる環境づくりを工夫してみましょう。

また親として、今できないことに目が行ってしまいがちです。**発達は、長期的に見ることがとても大切です。**「半年前はできなかったけど、いまは○○ができるようになった」など、小さな変化をキャッチし、**言葉にして認めることがとても大切です。**

発達障がいの子どもたちはいつも周りとくらべられがちです。親としては、子どもが以前とくらべてできるようになったことを認めることを心がけましょう。一つひとつ認めていくことが、子どもの自己肯定感を育み、自信をもって生きていく心の土台となることでしょう。

周囲の人は子どもをその瞬間の点で見ていますが、親は毎日子どもと接していますから、子ども自身の過去とくらべることができるのです。

ここでご紹介したのは、関わり方の例です。毎日の関わりの中で子どもがわかりやすいコミュニケーションを試行錯誤しながら見つけていきましょう。

From パパ

コラム 4

横のつながりに支えられて
藤牧さんの場合

名前：藤牧誠（47）
家族構成：妻、長男（17）、長女（10）の4人家族
子どもの障がい（長男）：知的障がいを伴う自閉スペクトラム症・弱視

私の息子（RYO）は、2005年11月に24週6日の早産で生まれました。

私が24歳、妻が26歳のころに結婚し、妊娠・出産・子育てを当たり前に経験するものだと思っていましたが、実際は不妊治療・2度の流産を経験。理想と現実は違いました。

養子縁組を考えはじめたころ妻の病気が発覚し、治療のために長期入院になりました。順調に治療が進み、退院のために検査をしたところ、妊娠をしていたことが判明しました。担当医師からは、妊娠継続に対してのリスクの説明とともに、「障がいをもって生まれくる可能性がある。今回はあきらめた方が……」と言われました。悩みましたが、妻の『この子は生まれてきたくて隠れていた。だから産みたい』という思いもあり、妊娠を継続しました。このとき、障がいを受け入れると決めました。

病気のこともあり、入院は継続になりましたが、11月4日に病院からの呼び出しを受け、主治医との面談がおこなわれました。そこで「週明けの月曜日に緊急で出産します」と伝えられ、11月7日に出生体重338gの超低体重出生児で息子が生まれました。

初めて対面したときは、かわいいというより、申し訳なさがいっぱいでした。はじめての子ども、ハイリスクでの出産、超低体重出生児（未熟児）出産……。あとから制度の説明を受けましたが、頭の中は真っ白になっていました。

その日から仕事を調整して時間をつくり、毎日面会に行きました。そんなとき、所属していたバスケットボールチームの先輩から「お前の子は普通に生まれてくる子の10分の1の体重で生まれてきたけど、そのぶん10倍楽しいことや嬉しいことがあるはずだからがんばれよ」という言葉をもらい、気持ちが楽になりました。

約7カ月後に退院しましたが、病院に行くために外出すると通りすがりの人が息子の顔を見て『かわいそうに……』などと言っているのを聞くこともありました（悪気がないのはわかっているのですが）。また、妻の産休・育休が終わり、仕事復帰のため保育園を探したときには、行政の担当者に差別的なことを言われたりしました。そのときはまだ、自分の子どもを守ることができればよいと考え、障がいについては何も知識もなく、保育士の妻に言われたことだけを実践して子育てをしていました。

小学校入学を目前に、共働きができない環境（学童に入れない）問題があり、家庭の状況を考えて私が退職して息子の対応をすることになりました。療育センターや児童デイサービス（現・放課後等デイサービス）に連れていったことで障がい者福祉に興味をもち、勉強をはじめました。

同時期に、障がいを抱える子の父親の会の存在に出会い、息子のために参加をしました。勉強をしていたので大丈夫だと思っていましたが、自分よりも熱心に子どものことを考えているお父さんの存在を知ったことで火がつき、さまざまな勉強会やセミナーに参加して本格的に障がいの特性や社会環境について学びはじめました。また、会に参加している先輩パパに話を聞くことで状況に応じた支援方法や各地域での状況、家族支援についても学べました。

同じ境遇のパパだけでなく、通常級に通う子どものパパや、学校の先生、息子と会ったことがある大人が、息子の成長のために協力してくれ、義務教育を地元の学校（支援級）で卒業することができました。現在は、県内に1校しかない視覚支援学校（盲学校）の高等部を卒業して福祉的就労（就労継続支援B型）で働いています。

小学校・中学校は親の勝手な思いで支援学校判定をくつがえし支援級のある学校に入学をさせたことで、最初はほかの児童・生徒・先生に余計な負担をかけていたと感じていましたが、本人のがんばる姿を見ることができたり、助けてくれる方々に出会うことができました。高等部進学については障がいのある子がもつ選択の幅が少ないこともあり支援学校に進学しましたが、支援級には支援級の良さが、支援学校には支援学校の良さがあると感じていました。

17年間の子育てを経験してきて正しかったかはわかりません。息子のためにがんばったことだけは間違いではなかったと信じて、この先も子どもに関わっていきます。

聖火ランナーに選ばれ
インタビューを受けているところ

文京区区長と（2021年）

Chapter 5

小一の壁と小学校入学後

ベストな道はどれ？

通常級のほかに特別支援学級特別支援学校通級……
小学校にはいろいろあるねえ
放課後のことも考えないと
特別支援
通常級
etc…
デイサービス
etc…
学童保育や放課後等デイサービス……
娘にはどこが向いているのかなぁ
特別支援学校は手厚そうだよね
でも遠いバスの送迎はあるけど
特別支援学級は近くの小学校にあるね
学区内の学校には週1の通級はあるけど
通常級でやっていけるかな？

んー…
娘にとって
何がベストなのかな
主治医や
療育士さんにも
相談だね
……
キャ
キャ
本当は通常級で
これまでの友達とも
付き合って
ほしいけど……
小学校で
こんなに選択肢が
あるなんて
思わなかったよ……

就学の選択肢は多種多様！年長になったら情報収集を

就学の選択

「小一の壁」という言葉を聞いたことがあるかもしれません。「小一の壁」とは子どもが小学校に上がる際に環境の変化で親の仕事と育児の両立がむずかしくなることです。

年長の子どもがいる家庭では、就学前の時期は嬉しさと同時に悩ましさで立ち止まるときです。悩んでしまう原因として、保育園・幼稚園と学校間の断絶に起因する情報不足が大きいということがあります。そのため、地域との関わりをもち、先輩パパ、ママに不安な点を相談すれば大概は解決します。

ただ、発達障がい児のいる家庭では、もう少し掘り下げて知る必要があります。就学の選択肢が健常児より多いからです。

就学については、年長になったころから考える必要があります。まずは、どういった学校が子どもにベスト、またはベターな選択なのか、実際に見学に行き、夫婦で見極めていく必要があります。**学校選びは決してママ任せにしないでください。**かわいい子どもの人生のターニングポイント、ママひとりで考えるのはとてもつらいです。夫婦で考えぬいた答えはきっとよい結果につながります。

また、就学について相談する相手としては、主治医、療育士、そして保育士さん・幼稚園の先生、先輩パパやママなどがよいです。

就学について考えなければいけないことは大きく分けて2つあります。1つ目は、どの学校に行くのか、2つ目は放課後はどのように過ごすのかです。次のページでくわしく紹介していきます。

学校を決めるポイントは「子どもの状態」と「支援の手厚さ」

子どもが毎日通うことになる学校の選択肢は大きく分けて4つあります。障がいに対しての支援の少ない順から、

①通常級
②通級（特別支援教室）
③特別支援学級
④特別支援学校

となります。

もし通常級以外の進路を選択する可能性がある場合には、早めに行政窓口、教育委員会、通っている幼稚園・保育園などに相談し、就学相談に申し込みましょう。面談、行動

観察、就学支援委員会の審査などの手続きがあるので、ぎりぎりだと入学に間に合わない事態になることがあります。

なお、仮に審査結果が特別支援学級となっても、最終的な進路を決めるのは親なので通常級に通わせることは可能です。逆に言えば、審査結果が特別支援学級の場合には特別支援学校に通わせることはできません。

①通常級

公立と私立の違いはありますが、一般的な進級先です。

メリット：集団で学習するため、コミュニケーションを学ぶことができる。
デメリット：子どもに合った進度で学習することがむずかしい。

通常級に通わせる際にまず考えるポイントは、**子どもに知的な問題があるかないか**です。知的に問題がなければ授業についていくことができます。

また、**コミュニケーション能力の程度も重要**です。小学校低学年のうちは友だち同士での複雑なコミュニケーション能力は求められませんが、学年が上がるにつれ複雑になります。クラスで浮いた存在になってしまう可能性も視野に入れる必要があります。

もうひとつの大切なポイントは**学校の指針**です。校長先生に、障がいを持つ子どもに対してどのような対応をしてくれるのか聞いておく必要があります。先生を加配してくれることはあるのか、校長の合理的配慮についての考え、合理的配慮はどこまで認めてくれるのかなどです。

また、校長が異動になる時期も先輩のパパ友、ママ友から聞いておくことが大切です。

私の娘は、小学校入学時は通常級でした。主治医からは特別支援学級をすすめられましたが、担当の療育士には「通常級でやっていけるでしょう」と言われたからです。

まだこの時期、夫婦で障がいに関する受容がまだ完全にできていなかったこともあり、通常級以外の進路先を選択したらこの子はどうなってしまうのだろうという漠然とした不安感もありました。ただ療育士には、「2年生か3年生のときに、もう一度考えなければならないときが来ると思います」と言われました。療育士の言う通り、勉強・人間関係が複雑になってきた3年生の2学期以降に再度悩むことになります。

実際、通常級に通っていたときには、ベネッセの教材を使って家庭学習もしていたのですが遅々として進みません。

このころは、私も何とか娘を授業についていかせようと必死でした。週末は図書館の学習室にふたりで行って勉強しましたが、私が思っている通りには理解してくれません。何度、できない娘に大声を張り上げてしまったことか。今思えば、こんなこわい父親と、よく毎週図書館に行ってくれていたものだと思っています。

②通級（特別支援教室）

通常級*に通いながら週に1回程度、特別支援を受けることができます。

メリット：通常級の子どもたちと一緒に学びながら、週1で子どもの進度に合った支援・学習が受けられる。
デメリット：週1回程度、通常級の授業が受けられないので、授業についていけなく

なる可能性がある。

「通級（特別支援教室）」の最大のメリットは、**通常級の授業を受けながら、週に1回、本人の進度に合わせた学習、訓練を受けられるハイブリットな点**です。

ただ問題点もあります。ただでさえ通常級の授業についていくのが精一杯の子どもにとって、週に一度、通常級の授業に出られないことは、さらに勉強が遅れる、わからなくなる状況をつくりだすことにつながります。

子どもの能力的に問題がない、また通常級のバックアップもしっかりできそうということであれば、ひとつの選択候補になります。

私の娘も2年生から2年間、通級を利用しました。3年生になると、通常級での生活が勉強面でも友だち関係でも上手くいかなくなってきていたので、自分のペースで行動できる週1回の通級には楽しく通っていました。

＊自治体（教育委員会）により設置の仕方が異なります。

③特別支援学級

小学校に設置されている障がいのある子どもが通うクラスです。*

メリット：少人数で、かつ子どもの学習進度に合わせて授業をおこなうため確実な学習能力を身につけることができる。
デメリット：必ずしも近くの小学校に特別支援学級があるとは限らない。

特別支援学級の良いところは、特別支援学校より数が多いため、自宅から歩いて行ける範囲にある可能性が高く、また学区内の小学校に設置されていることが多いので、近所に住む通常級の子どもたちと一緒に学校に通うことも可能です。

また、特別支援学校ほど専門の先生はいませんが、少人数で個々の子どもの進度に合わせた学習をおこなうので、子どもの能力に合った学力が確実についていきます。

「個別の指導計画書」を作ってくれることが多く、**勉強以外のコミュニケーション、生活訓練もおこなってくれます。保護者と学校の距離も近く、先生に相談しやすいのもメ**

リットです。

少人数のため、学年を越えて子ども同士が仲良くなれるので、小学校生活を落ち着いて過ごすことができます。反面、相性がよくない子どもがいると対処がむずかしい面もあります。

また、**保護者同士が悩みを共有できるのが特別支援学級の強み**です。娘は4年生から特別支援学級に通ったのですが、発達障がい児の悩みは、健常児のものとは違います。そのため、娘が低学年のころ、通常級の保護者といくら仲良くなっても悩みを共有することができませんでした。通級も週に1回なので、保護者とのコミュニケーションはむずかしかったです。

しかし、**特別支援学級の保護者とは抱えている悩みが基本的に一緒です。相談できる先輩の保護者、同じ学年の保護者の存在は、とても心強かったです。**

娘は4年生から特別支援学級に転校しました。転校したのは通っていた通常級の小学校に特別支援学級がなかったからです。でも通学時間が5分から15分に変わっただけで、比較的通いやすい距離にある小学校でした。

娘は3年生になって勉強についていけなくなり、友だちもいなくなっていました。宿題は免除してくれましたが、とても娘がついていける学習内容ではありません。2学期最初の授業参観を見に行くと、授業はまったくわかっていない様子、休み時間は一人で遊んでいるという状態でした。それではと近くの特別支援学級の体験に一緒に行きました。

そこでは、たった1日ですが、先生やそこに通う子どもたちと生き生きと過ごす娘の姿を見ることができ、私の気持ちは固まりました。妻はまだ通常級にこだわりがあるようでしたが、娘の学校の様子を目の当たりにしていたので、とても無理なことはわかっていました。妻は最終的に、「私には判断できないからパパが決めてほしい」と私に判断を委ねました。

私は、娘自身に進路を決めさせようと思い、日曜日のお昼にファミレスで「4年生になったら別の小学校に行ってもいいけど、どうする?」と聞きました。娘は「あの体験に行ったところだよね? 行く!」と即答し、特別支援学級へ通うことを決めました。最終的に本人が出した結論でしたので、妻も納得してくれました。

自分で選択したからでしょうか、娘はその後、授業も楽しみ、放課後も友だちと遊ぶ充実した3年間を送りました。5年生のあるとき「お父さん、転校させてくれてありがとう。今とっても学校が楽しい」と言ってくれたときの嬉しさは今も鮮明に覚えています。

ただ、子どもの受け止め方によっては逆効果になるケースもあります。兄弟が通常級に通っている発達障がい児がいました。小学校に入学するとき、親は良かれと思って特別支援学級を選択しました。当時は、「思い切ったことをするな。すごいな」と感心したのですが、その子は「なんで自分だけが違う学校なの」と不登校気味になりました。判断が難しいところですが、親が真剣に子どもと関わっていれば、わが家が小学4年生で特別支援学級に移動したように、リカバリーはいつでもできます。何よりも子どもと向き合うことが大切です。

*自治体（教育委員会）により「知的学級」「情緒学級」など設置されるクラスの種類が異なります。

④特別支援学校

障がいのある子どもたちが通う障がい者のための学校です。

メリット：専門の先生が指導にあたるので特別支援学級よりも手厚い指導を受けられ

る。
デメリット：特別支援学級とくらべ圧倒的に数が少ない。そのため家から遠いことが多い。

特別支援学校の最大の強みは、**先生が福祉のプロでもあること**です。特別支援学級の先生も障がいについての勉強はしてくれていますが、福祉のプロではありません。

また、当たり前のことですが、特別支援学校は学校全体で障がいに取り組んでいます。

そのため、**より手厚いサポートを受けたい、あるいは受ける必要がある子どもに向いています。**


娘は高校が特別支援学校でした。高校には特別支援学級がほとんどないからです。Chapter 6で紹介しますが、特別支援学校は、小学校（幼稚園）から高等部まで設置されているところが多くあります。

進路決定は、夫婦の希望だけでなく、**子どもに合うか合わないかを見学などしながらよく検討する必要があります。**ただ、私の娘が途中で通常級から特別支援学級に変更したよ

図５：就学の選択肢

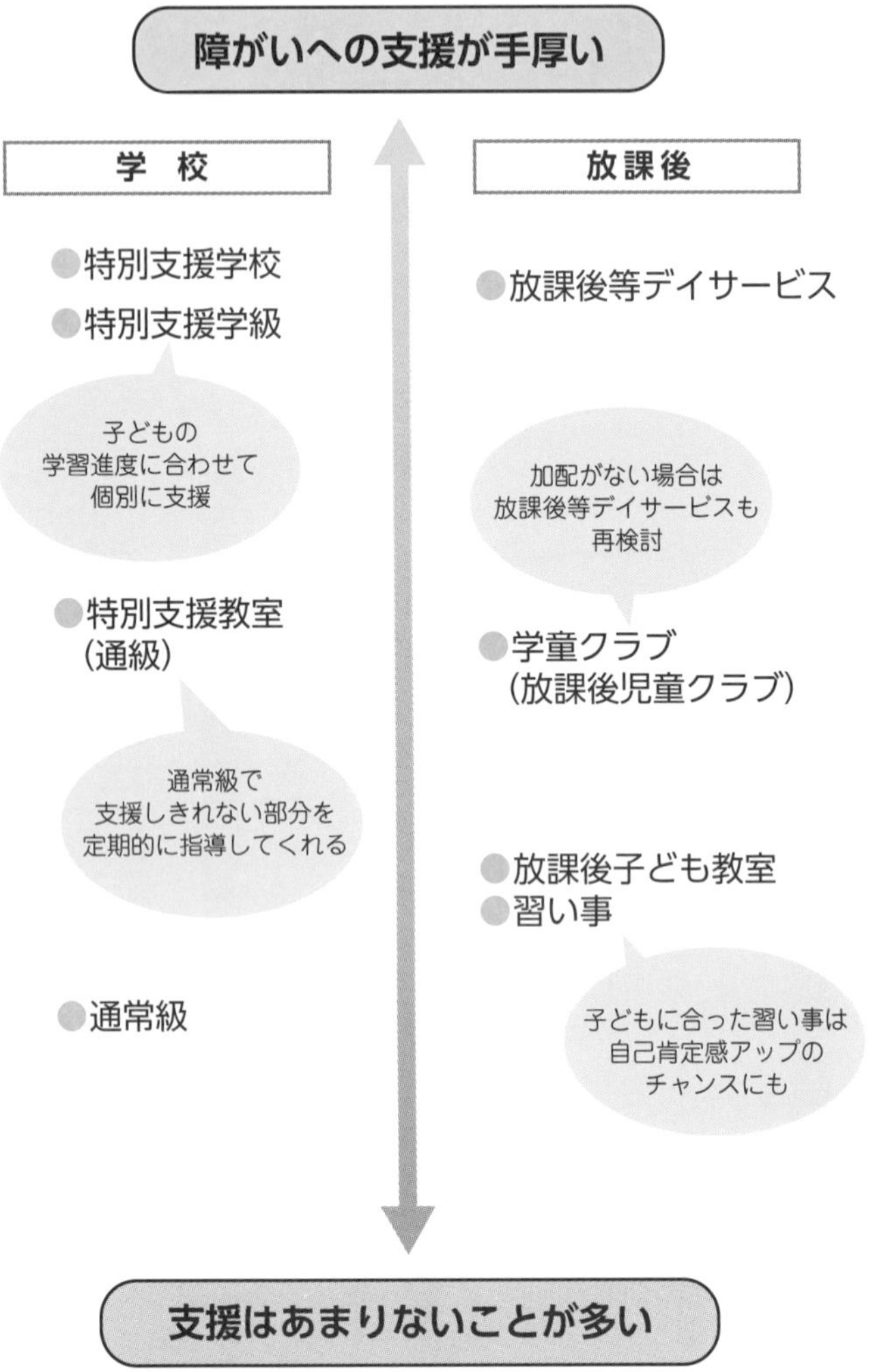
障がいへの支援が手厚い
学　校
●特別支援学校
●特別支援学級
子どもの
学習進度に合わせて
個別に支援
●特別支援教室
（通級）
通常級で
支援しきれない部分を
定期的に指導してくれる
●通常級
放課後
●放課後等デイサービス
加配がない場合は
放課後等デイサービスも
再検討
●学童クラブ
（放課後児童クラブ）
●放課後子ども教室
●習い事
子どもに合った習い事は
自己肯定感アップの
チャンスにも
支援はあまりないことが多い

うに、1年生で決めたことが絶対ではありません。**子どもの状況、意思を尊重しながら進路変更をすることは十分可能です。**大事な局面ではありますが、心の余裕をもって冷静に判断してください。

放課後の過ごし方は子どもの心と向き合いながら柔軟に決める

障がいのある子どもの放課後の過ごし方、居場所もいろいろあります。

選択肢としては、大きく分けて①放課後等デイサービス、②学童クラブ（放課後児童クラブ）、③放課後子ども教室などのほか、塾やスポーツ教室などもあります。

本人の状態、希望、学年、親の働き方によって、どのように過ごすかは変わってきます。

①放課後等デイサービス

障がいのある子どもが通う福祉サービスです。**障がいの専門家、または知識、理解のあるスタッフが対応するので安心して過ごせることが多い**です。

メリット：障がい児対象なので、さまざまな訓練を受けながら時間を過ごせる。

デメリット：事業所によってサービスのばらつきがある。

事業者によってカリキュラムがまちまちなので、子どもに合ったものかどうか確認する必要があります。また、スケジュールが決まっているので、通常級に通っている場合、スケジュールの合間に宿題をやれるかどうかなどの詰めは大切です。また定員が決まっているので、必ずしも利用できるとは限りません。

娘は未就学児のころからの延長で1年間だけ利用しました。楽しく訓練をしてくれるので気に入っていました。

②学童クラブ（放課後児童クラブ）

基本的には共働き夫婦の子どもが利用する施設になります。年収による制限はないところが多いですが、1年おきに申請が必要で、フルタイムか、パートかなど、**親の働き方で入所できるかどうかが決まってきます。**また地域によっては高学年の受け入れはやっていません。

メリット：家の近くや、小学校に併設されている場合もあるので通いやすい。
デメリット：障がい児の受け入れはしてくれるが、理解があるかはスタッフ次第。

スタッフに障がいへの理解があるか、また全体の定員とは別に障がい児の定員が決まっている場合があるので、その確認をする必要があります。さらに障がい児の受け入れをしている場合に、**スタッフの加配があるかどうかも重要**になってきます。また、**大人数の場合、落ち着いて過ごせる環境が整っているかどうか相談する**ことも必要です。

娘は通常級にいる3年間通っていました。家から近く、スタッフの加配もあったので安心して通わせることができました。保護者会の役員をやっていたので、障がい児の受け入れ定員について行政に交渉に行くようなこともありました。

学童保育に限らず、保護者の声を学校、行政、教育委員会などに届けることは大切です。すぐに変わらなくても、数年後に変わることはよくあることです。先輩の保護者の方たちが声を上げることによって、より子どもが過ごしやすい場所に変わっているところも多くありました。みなさんも、ぜひ次世代のために、声を上げていってください。

③放課後子ども教室

子どもの居場所づくりとして、厚労省が管轄なのが学童クラブ、文科省が管轄なのが放課後子ども教室です。保育を目的としているのが学童クラブで、教育（学び）を目的としているのが放課後子ども教室という違いがあります（地域により呼び名や体制が違うことがあります）。

メリット：登録が簡単で入退も自由なところが多い。
デメリット：定員を設けていないところが多く、またスタッフの障がいへの理解はほとんど期待できないことが多い。

放課後の過ごし方は、悩みが多いことと思います。

小学校に通うのは、今目の前にいる子どもではありません。半年後、1年後の子どもです。障がいの有無にかかわらず、小学校に上がると子どもは親が思っている以上に成長します。想像しにくいかもしれませんが自己主張もするようになり、せっかく入った学童に行かない、なんて言ってくることもあります。**ある程度柔軟に、子どもと向き合える心の持ちようがあるとよい**かと思います。

参考までに、娘は学童クラブが大好きでしたが、それは3年生まで。4年生になってから週2回の公文、週1のテニススクール、残りの日はクラスの友だちと遊ぶ、という生活をしていました。放課後の過ごし方、選択肢は多様です。

小学校でも先生との連絡は密に取る

入学後の学校との関わり方

「学校にお願いしたいことがいろいろとあるのですが、保育園と違って学校には連絡が取りづらいです。どうしたらいいですか？」と質問されたことがあります。

確かに、毎日送り迎えで保育士さんと接することができる保育園と違い、小学校は連絡を取るハードルが上がっている印象はあるでしょう。通常級だとなおさらです。でも大丈夫です。小学校の先生にも（モンスターペアレントにならない程度に）連絡を取ってかまいません。ＰＴＡや親父の会を散々やってきた私が言うのですから、間違いありません（笑）。

先生も保護者と連絡を取りたいはずですし、発達障がいのある子どもの保護者となればなおさらです。**電話で連絡を取るなら、あらかじめ都合の良い時間を聞いて連絡する、可**

能であればメールアドレスを聞いておくなど、保育園・幼稚園同様、連絡を取るようにすることが子どものためになります。

療育手帳って必要？

知的障がいのある方に交付される「療育手帳」。取得するといろいろメリットがありそうだけど、躊躇《ちゅうちょ》している保護者の方が多いかと思います。「取得してしまうといよいよ自分の子どもは障がい者になってしまう」「普通じゃなくなる」「普通の学校に行けない」「みんなと同じように働くことができない」などなど、複雑な思いが交錯するかもしれません。

ただ、療育手帳を持っていると、交通機関や公共機関が障がい者割引で利用できることはもちろん、**今後の高校への進学、就職する際の切り札、障がい年金の取得など、子どもの重要な局面での手助けになることがたくさんあります。**

また、**療育手帳を取得したからといって常に手帳を提出する必要はなく、保護者の方が必要、または子ども本人が必要と感じたときに使用すればいいのです。**

これからの長い人生で、必要なことが出てくるかもしれません。持っていなくてチャンスを逃すことはあっても、持っていてチャンスを逃すことはありませんし、逆にチャンスが広がることの方が多いです。水戸黄門の印籠のように、決定的な場で子どもの役に立ちます。取得には、それなりの時間と労力がかかりますので、早めの取得を検討してみてはどうでしょうか。

小学校選びを成功させるポイント

- 障がいのある子の進路選択は多様！ 年長になったら夫婦で見学に行って、見極めよう
- 子どもの学習とコミュニケーションのレベル、学校側の障がいへの理解度が、学校選びの大きな判断基準になる
- 小学校に通うのは半年後、1年後の子ども。今はわからないことも多いので、慎重に、でも柔軟な姿勢で学校選びに臨もう

From パパ

コラム 5

合言葉は「ふみペースでいこう！」
櫻井さんの場合

名前：櫻井基樹（49）
家族構成：妻、長女（21）の3人家族
子どもの障がい：知的障がいを伴う自閉症スペクトラム、てんかん

私は大学で福祉を学んで、知的障害者通所授産施設（現在の就労継続支援B型）で働き、大学の同級生である妻と結婚しました。

結婚して1年半後に娘が誕生。1歳ごろまでは順調に成長していましたが、1歳半健診で言葉の遅れを指摘されました。1歳4カ月のときに引っ越しをしたので環境の変化による一時的なものととらえ、2歳まで様子を見ることにしました。

しかし、娘は「公園に行っても、地域の遊びサークルに参加してもお友だちと遊ばない」「お友だちができない」「妻の姿が見えなくなると大泣きするが、逆に私の存在に気づかないようになる」「1歳ごろ話していた有意味語がすべて消える」「指さししない」「人の顔

を見ない」と気になることばかりでした。妻は自分が卒論で扱ったテーマ（「自閉症児の発達について」）が、娘の状態と似ていることに気づきました。

当時の私は残業で定時に帰宅することはほとんどありませんでした。妻は娘との心中まで考えたそうですが、できなかったと、告白してくれました。妻の話を聞いたとき私は「俺をおいていくな」と言いました。のちに妻は「正論で説得されたら余計に落ち込んだと思う。この言葉に救われた」と言ってくれました。

2歳1カ月のときに保健センターで言葉の遅れ、社会性の未熟さを指摘されたので、児童相談所に行き、療育施設（現在の児童発達支援センター）を紹介され通園するようになりました。

私自身は、「娘に障がいがあるなんてショックだ」と思えませんでした。なぜなら、公私かかわらずこれまで出会ったすべての障がいのある方、そのご家族を否定することになると思ったからです。また、妻をリードしなければとも強く思いました。でもこの気持ちは強がりでもあり、娘の障がい受容ができたのは妻より数年あとでした。

自分の仕事を活かし、妻には将来を見据えた話をしていきました。娘が3歳間近になっても話ができないので療育手帳の取得を促す、仕事で出会った障がい児を育てるジャーナリストの方からの情報を伝える、転換期を迎えていた障がい者施策の制度をかみ砕いて説明し目指す方向性を示す、日々接する利用者の課題（成人しても親と一緒でないと寝られない、社会性、働く意欲、お金を稼ぐことなど）を共有するなど、娘の子育てに役立つと思い、伝えられることはすべて伝えました。

今思えば、妻にとってはプレッシャー以外の何ものでもなかったかもしれませんが、妻は私の話を咀嚼《そしゃく》して娘を育てる手立てに活用していました。ちなみにこの時期私がおこなう家事は、休みの日の風呂・トイレ掃除程度でした。

娘に私の存在を認識してもらうために東急ハンズで熊の着ぐるみを買い、それを着ながら一緒に遊ぶようになりました。

娘が療育施設に通うようになってからも相変わらず残業は多かったのですが、有休を取得し積極的に行事に参加するようにしました。帰宅が遅い私と娘との関係が疎遠にならないように、妻は疲れていても起きて私を待ち、その日の娘の様子を教えてくれました。これは娘の様子を知るのにとても役立ちました。こうしたことから徐々に娘との関係をつくっていくことができました。

娘のできないことが続くときや進路などの節目では、妻にも焦りが生じることがありました。そんなときは娘の名前をもじり、「ふみペースでいこう」と伝えてきました。ただ仕事柄、つい話を聞いたあとに解決策、正論を言ってしまい、妻を苦しめてしまったこともたびたびありました。

妻は、言って聞かせても通じるわけもない娘に対し、感情的に怒ることがしばしばありました。それに対して娘は泣き、その後妻も一緒に泣くことをくり返していました。「通じない」ことがつらいと感じていた時期でしたが、娘の友だちやママ友とディズニーランドに行った際、イッツ・ア・スモールワールドで喜ぶ娘の姿を見て、一緒に喜べることがあるとわかって嬉しかったそうです。

このときから妻は、「必ず通じる手立てがある。あきらめない」と思うようになりました。言葉や感情で訴えるのではなく、現物や絵カードなど視覚支援を中心に、娘に伝わる方法は何か、試行錯誤をくり返していきました。また、できたことをほめる、評価することで定着を促してきました。

娘が小さいころ、夫婦で育てていくうえで3つのことを大事にしていました。

1つ目は、「娘が『趣味（好きなこと）は○○です』と自信をもって言えるようにしよう」

ということです。療育施設で、鼻歌などから音感の良さがわかると言われ、音楽に触れる機会をすすめられました。エレクトーンを習い、さらに音楽療法からはじめたピアノは楽譜を読みこなして弾けるようになりました。今では弾くのが日課です。また、高校時代は軽音楽部でギターを担当し、今でも月に1度バンド活動をしています。

2つ目は、一生誰かしらの支援を受けるのだから「支援者受けのいい子に育てよう」ということです。支援者も人間です。感情があります。立場上差別はせず平等に対応しますが、やはり思い入れは変わってくるものです。娘に対しては愛情をいっぱい注ぐ！ことを意識し、素直な子に育つように心がけました。

3つ目は「親自身がモンスターペアレントにならないようにしよう」ということです。保育園や学校と交渉事があるときは私も同席しましたが、自分たちの希望・権利を主張するだけでなく、相手のメンツをつぶさずＷｉｎ‐Ｗｉｎを目指すようにしていました。

そんな娘も、小学校の低学年から徐々に増やしていった家の手伝いのおかげで、今では彼女がいないとわが家の生活は成り立ちません。特別支援学校高等部を卒業後、就労移行施設を経て就職しました。今は、一部上場企業で水耕栽培をしています。

Chapter 6

子どもの未来は、実は明るい！

マイペースに成長中！

位置について
ヨーイ
スタート！
1、2年の時には運動会で途中で走るのを止めたり
ピタ
発表会のときは直前に出ない、って言ったりしてたね
本番はドキドキしっぱなしだった……
でも6年生になってしっかりしたよね
00.00.10
安心して見学できるようになった

障がいがあっても
ゆっくり成長してるんだよね
そういえば先輩のママ友と話したんだけど
中学も高校もあっという間みたいだよ
中学はあまり迷いなく特別支援学級にしたけれど
そのあとどうなるのかな？
高校はたくさんの選択肢があるって聞いたし……
中学からが子育て本番なのかもね

発達障がい児のライフステージはこんなに多様！

発達障がい児を育てていると、目先の課題が多すぎて将来のことを考えている余裕がなくなり、ただ将来に対する漠然とした不安感だけがつのることがよくあります。この章では、発達障がいのある子どもが、日本の社会でどのように育っていくかお伝えします。

一言でいうと、**少なくとも現行の日本の発達障がいに対する制度は、他国とくらべて相対的にはよい環境です。**今後の日本の政治・経済力に左右される部分もあるかとは思いますが、ベストではないにしろ、ベターに安心して子育てしていけます。

この章で、ざっくりとイメージしていただければ幸いです。

中学校
学力・コミュニケーション能力・通学距離……総合的な判断を！

中学校

中学校の進路選択は、おおむね小学校と同じように、通常級、通級（特別支援教室）、特別支援学級、特別支援学校になります。友だち関係などもありますので、小学校で特別支援学級に通っていれば、大半は中学校も特別支援学級に進むケースが多いです。ただし子どもの様子により、通常級から特別支援学級に、特別支援学級から特別支援学校に、逆に特別支援学級から通常級に進路を変える家庭もあります。

大切なのは、**子どもの学力、コミュニケーション能力、友人関係、通学距離などを考慮し、小学校と同じで良いかどうかトータル的に判断する**ことです。

小学校と中学校は同じ学区内にあることが多いため、子どもはそのまま持ち上がりになることが多いですが、小学校と中学校の先生の連携が上手く取れていないケースがあります。**入学する半年前くらいから学校見学をすることはもちろん、親が学校間の架け橋をする必要もあります。**

ここでパパが出ていくことは重要です。まだジェンダーバイアスの強い日本。**父親が出ていくと、学校は「本気だ」と身構えます。逆手に取ってパパの出番です！**

部活動

中学校で気になるのは放課後の部活動です。中学校生活＝部活動、と思う子どもも多いですし、実際、入部する子どももいます。

ただし、とくに特別支援学級に通う場合には、部活動は通常級の生徒たちと一緒にすることになります。**部活動は主体が先生ではなく、生徒の自主性に任せているところが多いため、一緒にできるかどうかは先生と相談する必要があります。**インクルーシブ教育が叫ばれる昨今ですが、現場レベルに落とすと、まだ学校全体で取り組んでいるところは少ないです。子どもの状態、学校の方針などを先生と相談して判断することになります。

娘の場合には、テニス部に入りたいという希望があり、学校とも相談しましたが結局入部できませんでした。本人もかなり残念がっていましたが、通常級の生徒と一緒に活動をすることはむずかしいという判断でした。特別支援学級の生徒たちが入る部活に入部して、部活のない日は塾とテニススクールに行っていました。

高等学校もそうですが、中学校は小学校の半分の3年間。入学して落ち着いてくるのに1年、2年生になって中学生活を楽しんでいたと思ったら、3年生になって進路選択をしなければならなくなる……。3年間はあっという間に過ぎていきます。おまけに思春期に入りますので、手はかからなくなってきますが、そのぶん、別のサポートがより必要になってきます。夫婦で子どもに向き合っていきましょう。

高等学校
大学・就労につながる選択、早めの情報収集がマスト

高等学校は、選択肢がぐっと広がる一方で、特別支援学級はほとんどなくなります。**できれば中学2年生になったら情報収集をはじめましょう。**見学会は平日に開催されることが多いので、共働きのわが家では夫婦で分担しながら行っていました。

なお、高等学校と特別支援学校では、厳密には卒業後に取得できる資格が違います。*特別支援学校は「高校卒業」でなく、「特別支援学校高等部卒業」になります。とはいえ、さらに上の学校を目指したい場合には、大学受験をすることができます。

＊地域によって制度などの違いがあります。

①高等学校

本人の学力に合った高校が選択肢になるのはもちろんですが、見学会などに行って、学

校がどのような配慮をしているのかを確認する必要があります。公立、私立問わず、学校によっては発達障がいの生徒の受け入れを積極的にやっているところもあるので、サポートはどの程度してくれるのか、とにかく情報収集が重要になります。

②特別支援学校

中学校で、特別支援学校や特別支援学級に通っていた生徒のメインの進路先になります。前の章でお伝えした通り、小、中学校と同じように障がいに対するサポートがしっかりしていますので、安心して通わせることができます。公立の場合は、住んでいる場所によって学区が決まっているので確認してください。もちろん部活動もあります。

③就労技術科・職業訓練校

卒業後の障がい者枠での就職を見据えた「特別支援学校」です。通常の特別支援学校と違い**入学試験があります。**そのため中学2年生、または中学3年生から、受験対策をする必要があります。もし進学を希望するなら、発達障がいのある生徒を対象にした塾に通ったり、模擬試験を受けたりする必要があるかもしれません。調べてみましょう。

学校によって違いはありますが、2年生から就職に向けた特別なカリキュラムを実施していて、企業へ実習にも行きます。卒業後に就職を目指すなら、選択肢に入る学校です。

④通信制高校

知的に問題がないけれど、コミュニケーションに問題がある場合の選択肢になります。

単位制の学校が多く、登校日が設けられていますが、学校によりまちまちです。レポートを提出し、テストを受けて単位を取得して、高等学校卒業資格を取得することになります。

⑤チャレンジスクール

勉強が苦手、不登校だった生徒が通うことが多い学校です。午前部、午後部、夜間部と3部制となっていて、4年間で卒業します。発達障がいに対するサポートがあるのかどうかは、入学の前に学校に相談する必要があります。

⑥エンカレッジスクール

不登校ではないけれど、勉強の理解が遅く、基礎から勉強をやり直したい生徒が通っています。チャレンジスクールと同様、発達障がいに対するサポートがあるのかどうかは、入学の前に学校に相談する必要があります。

高等学校・特別支援学校の選択は、**自分の子どもを大学、専門学校に進めたいか、もしくは就職をさせたいかがひとつの基準**になってきます。もちろん子どもの意思を考慮することも重要です。進学させたいのであれば、普通の高等学校、通信制高校、チャレンジ・エンカレッジスクール。就職が向いている・就職させたい、ということであれば、就労技術科・職業訓練校、特別支援学校になります。

人生初の試験、結果は……

参考までにわが家の場合には、小学校４年生で特別支援学級に転校させたときに、（まったくあきらめたわけではありませんでしたが）大学進学は選択肢から外していました。また、知的障がいもあるため、通信制高校、チャレンジ・エンカレッジスクールの見学もしましたが、サポートする内容に期待がもてなかったためやめました。

残った選択肢は特別支援学校でしたが、テレビドラマ好きな娘のなかでは、部活をしたり、週末に遊んだり、休み時間に友だちと会話したりしたいという理想の高校生活があるようだったので、それを念頭に置いていろいろな学校を見学していました。そんななかで浮上したのが、就労技術科でした。

私自身は、就職よりもまずは学校生活を楽しんでほしい、充実させてほしい、それが彼女の糧になると考えていたので、就業技術科に行かせることに少々抵抗がありましたが、娘の意思は固く、結局、進学を目指すと決めました。

ここから親子での受験対策がはじまりました。娘は定期試験を受けたことがなく、試験のやり方を知ることからのスタートでした。名前を書く、わからなかった問題はとばす、時間があったら見直しをする、といった通常級の生徒なら自然と身についていることが、まったくできていませんでした。週末は、ふたりで図書館に行って勉強する日々。

そして受験当日、試験会場まで同行し、受験が終わるまで教室で待機。終わった娘が最初に放った言葉は「できなかった……」でした。詳細を聞くと絶対に落としてはいけない、何度も過去問をやった大問1ができなかったとのこと。でも大問3はできた、と言っていました。大問3は数年の過去問をやったときに、どれもできていなかったので、その言葉は信じられず、帰りに寄った喫茶店で、娘を怒ってしまいました。

合格発表までの2週間、絶望的な気分で過ごしました。でも一緒に行った合格発表で、まさかの合格。どうやら本当に大問3ができていたようです。今でも、あの喫茶店の前を通ると「あそこでお父さん怒ってたよねぇ」と言われます。本当にごめんなさい。とはいえ、あの合格発表で娘が見せてくれた満面の笑みは、私の一生の宝物です。

そして娘は理想の高校生活3年間を満喫して卒業しました。自画自賛ですが、自分なりに子どもと真剣に向き合ってきた結果だと思っています。この本を読んでいるパパ、そんな瞬間に出会いたくないですか？

高校卒業後
進級・就労・就労訓練の3つの選択

高校卒業後は、**大きく分けて、さらに進級するか、働くか、もしくは生活・就労の訓練をしていくか**の三択になります。

大学・専門学校

知的に問題がなければ大学進学が視野に入ってきます。発達障がいの学生が増えてきているため、現在、**各大学や専門学校では合理的配慮ができる環境を整えはじめています。**

もし進学をする場合には、そういった配慮がどの程度見込めるのか調べていく必要があります。

就職

①障がい者枠での就職

２０２１年３月に、企業の障がい者雇用率が２・３％に引き上げられました。２０２６年にかけて２・７％まで引き上げられることになっています。

障がい者雇用率とは、全体の社員の人数に対する雇用しなければならない障がい者の割合です。社員が１０００人いた場合、23人は障がい者（身体障がい者など含む）を雇う必要があります。これは発達障がいがある人にとって追い風です。また**大手企業だと障がい者を専門に雇用する〝特例子会社〟があり、専門のスタッフ（社員）の配慮を受けながら働くことができます。**そのため長く勤めやすい環境となります。

デメリットとしては、給与が通常の雇用より安く設定されていることです。ただし、その不足分は、障害年金を受給することにより補填《ほてん》することができます。日本の福祉政策が他国とくらべ相対的に手厚いと思える部分です。ただし今後、改悪される可能性がありますので、親は気にかけていく必要があります。

②一般枠での就職

やり方は2つあります。**障がいを伝えずに就職活動をする方法と、障がいをオープンにして就職活動をする方法**です。前者は、内定を取りやすいというメリットがありますが、反面、周りの人たちは障がいがあることを知らないため、仕事をするうえで誤解をまねき、人間関係がうまくいかなくなる可能性があります。後者は、採用に進むことがむずかしい反面、採用されれば一定の配慮をしてくれる可能性が高く、長く働くことができます。

③就労移行支援事業所

仕事の訓練をしながら就労を目指すところです。生涯で2年間しか利用できないという期限つきですが、スタッフのサポートを受けながら就職活動ができます。なお、まだ生活のリズムが不安定など、就職するための準備が整っていない場合、就労移行支援の前に自立訓練を受けることもできます。

④就労継続支援A型事業所

企業就労がむずかしい人が働く事業所です。ただし給与は障がい者枠での就労に近い額になります。

⑤就労継続支援B型事業所

メンタルの不調などで1週間のうち、数日、または1日のうち数時間しか働けないといった人が働く事業所です。わずかですが工賃が支払われます。

高校卒業後、生活面で受けられるサポート

障がいのある子どもを育てる親にとって、なんといっても気になるのが、親なきあとの生活。**人からのサポートを受けるスキルを身につけることが自立につながります。**

①グループホーム

グループホームは、障がい者のシェアハウスと言えるかもしれません。食事を含めた生活全般のことをスタッフに支えられながらおこなうことができます。

②障害年金

障害年金は、20歳以上の障がいがある人に支給されるものです。障がい者枠の給与は低めに設定されているため、それを補填することができます。

現行の制度という前提はありますが、障がい者枠での就労に加え、障害年金を加えると、発達障がいであっても十分な生活ができます。まずは**明るい未来があることを信じて、目の前の子どもが充実した生活を送れるようにサポートしていくことがパパとしての役割です。**

進路選びのポイント

・小学校と中学校の連携をうまく取り、親が学校間の架け橋になる必要がある
・高校の選択は、大学進学か就職かの別れ道。Chapter 3を参考に仕事を調整して、積極的に説明会・見学会への参加をしよう
・高校卒業後は進級・就労・就労訓練。子どもの希望や能力を見て決めよう

From 本人

コラム 6

父親はいちばんの理解者
当事者・大学4年生　佐野さんの場合

名前：佐野幹人（大学4年）
家族構成：父（52）、母、妹（高校3年）の4人家族
障がい：高機能自閉症

私は親に対して不満を抱いたことはあまりなく、むしろ助けてもらったことが多い印象です。

小学校から高校1年生までの学校生活で、私はとても強いプレッシャーを受けていました。毎日学校に通い、決められた席で朝から夕方まで勉強をする生活が自分には合わなかったのです。いら立ちのあまり先生や友だちに八つ当たりすることもありましたが、それでも、親から説教された記憶はほとんどありません。

状況が大きく変わったのは、父親にすすめられ、一般の高校から通信制高校に転校した高校2年の時でした。

通信制高校ではそれまでの環境から一転、毎日学校に通う必要がない・通ったとしても席の固定はなし・多くて十数人程度の少人数という生活になり、心に余裕が生まれて八つ当たりすることもほぼなくなりました。

大学に進学したあとも、コロナによるオンライン授業も含めて通信制高校時代とほぼ同じ生活を送れたため、とくに不満を抱くことはありませんでした。

父親は私にとって、心から頼りになる存在です。

高校1年生で普通高校を退学したとき、父親が選択肢のひとつとして通信制の高校をすすめてくれたことは、人生の大きな転機になりました。通信制の高校に通うようになって、自信がもてるようになったからです。

また、小学生から高校生にかけての父親との関わりは、日々の学校生活から解放される大きな機会だったと思います。例えば、小学生のころは父親が活動している自然観察会、中学生のころはイクメンクラブの活動、高校生のころは「メインマン・プロジェクト」の集まりやイベントに連れて行ってくれました。学校と家以外の居場所をつくってくれたことが、良い経験になったと思います。

子どもの立場から、発達障がいの子を育てる親御さんに伝えたいことは、子どもの年齢に関係なく、ひとりだちするまではしっかりと面倒を見てほしいということです。

時には「親の手助けはもう必要ない」と思うことがあるかもしれませんが、子どもにとって親は絶対に頼りになる存在です。

とくに進学や就職などの大きなライフイベントに臨むとき、子どもだけではプレッシャーをはねのけられず、どんどん視野が狭くなってしまうことが多いので、親の協力が不可欠になります。効果がなかったとしても、親が協力する姿勢を見て、子どもはがんばろうという気持ちになれます。

また、学校生活が苦痛だとお子さんが感じているときは、「通わない」という選択肢も視野に入れてほしいと思います。

友だちがいなくても、毎日学校に通わなくても、進学や就職はできます。皆勤賞を無理に取る必要もありません。それよりも、何かひとつ、好きなこと・得意なことに熱中した方が将来に役立ちます。勉強、スポーツ、読書、ゲーム、乗り物、なんでもありです。

そして、「何が楽しいのか」「なぜそれに熱中するのか」をお子さんからぜひ聞き出してほしいと思います。自分の考えを周囲に説明する経験は、お子さんが社会人になってから活かせるスキルになります。

最後に、私から子どもたちへ伝えたいのは、学校生活がつらいなら親でも、先生でも、友人でも誰でもいいので、素直にその心境を明かしてほしいということです。とにかく気持ちを伝えないと、周りはどうすればいいのかわからないままです。

無理に学校へ通わなくても将来の道が狭くなることはありません。やりたいことをやっていれば、それがいずれ自分の強みとして活かせる日が来ます。

この本を読んでいる親御さんにはぜひ、お子さんが悩んでいるときに「先輩からのアドバイスだよ」とこのメッセージを伝えてくれたら嬉しいです。

エピローグ

はいはい
いくよ〜
パパ撮って!
ピコン
〇〇家ファミリー☆
今からいくね
まっててよー
ここから未読メッセージ
ありがとう
お父さんとお母さんのおかげで、高校を卒業することができました
就職したら、毎日（?）、お弁当を作るね
これからもよろしく!
Aa
キャ

おわりに

娘は高校を卒業し、現在は特例子会社で働いています。平日は会社に行き、週末は高校の時の友人と遊んだりしながら元気な日々を過ごしています。

とはいえ、今後もいろいろな課題が出てくると思います。今でも娘は原因がよくわからない体調不良になったり、友人関係で悩んだり、ドキドキすることが多々あります。

また、障がいのあるなしに関係なく、社会に出ると仕事と家の往復になりがちで人間関係が希薄になるため、いかに社会と関わりをもち、サポートを受けながら自立して生活できるのか……。障がい児のいる親の多くは子どもを残して先に死ぬことになるため、「親なきあと」のことをついつい考えてしまいます。

本編にてパパの家事育児の重要性はお伝えしてきましたが、性別役割分業の規範が薄れ、ジェンダー平等が進んでいるか？　と言われると、相変わらず日本のジェンダーギャップ指数は１４６カ国中１２５位（２０２３年）と下降の一途で心もとないことです。それでも男性の育休取得率は上向きになってきており希望の兆しもあります。

本書を読んだ方はご理解いただけると思いますが、一見関係ないように見える障がい者への差別・男女差別、人種差別や国籍による差別など、さまざまな差別は根っこは同じ問題でつながっているものです。

こういった差別、偏見をなくしていくには、私たち一人ひとりの価値観の見直しが必要です。それこそが、社会が障がいのある子どもの生活しやすい環境へ変わっていくことです。

さて、この本を作るにあたり、なかなか進まない原稿を根気よく待っていただいた合同出版編集部の副島さん、公私にわたりお世話になり、今回も編集、執筆を手伝ってくれたFJの高祖さん、漫画・イラストを描いてくださった野田映美さん、コラムを書いてくれた「メインマン・プロジェクト」の仲間たち及びパートナーのみなさん、当事者の佐野さん、FJ代表の安藤さん、以前一緒に講演をやった縁で快く監修を引き受けてくださった星山先生、そして、二人三脚で子育てしてくれた妻、気づきをたくさんくれた娘、ありがとうございます。そしてこの本を手に取ってくださった読者のみなさん。少しでもお役に立てる、参考になるものになっていると嬉しいです。

最後に、いちばん困っているのは親でも周辺でサポートする方々でもなく、障がいのある子ども本人です。

私も含め、障がいのある子を育てているとサポートが大変でついつい忘れがちになってしまいます。このことを忘れないように、これからもパートナーと一緒に子育てをし、子どもの人生を楽しみながらサポートしていきましょう。

橋　謙太

子育てをがんばるパパにおすすめの本

発達障がい児の子育てに役立つ本

『この子は育てにくい、と思っても大丈夫』 星山麻木[著] 河出書房新社、2017

『もっと笑顔が見たいから』 岩永竜一郎[著] 花風社、2012

『そうだったのか！ 発達障害の世界』 石川道子[著] 中央法規出版、2015

『無理なくできる！ 発達障害の子が伸びるいちにちいっぽの育て方』
miki[著] 学研プラス、2018

『発達障害&グレーゾーンの3兄妹を育てる母の毎日ラクラク笑顔になる108の子育て法』
大場美鈴[著] ポプラ社、2016

『発達障害の子どもを伸ばす魔法の言葉かけ』 shizu[著] 講談社、2013

『イラスト版 発達障害の子がいるクラスのつくり方』 梅原厚子[著] 合同出版、2009

『発達障害の子を育てる58のヒント』 小林みやび[著] 学研プラス、2014

『イラストでよくわかる　感情的にならない子育て』 高祖常子[著] かんき出版、2017

当事者が書いた本

『自閉症の僕が跳びはねる理由』 東田直樹[著] KADOKAWA、2016

『発達障害サバイバルガイド 「あたりまえ」がやれない僕らがどうにか生きていくコツ47』
借金玉[著] ダイヤモンド社、2020

『毎日やらかしてます。アスペルガーで、漫画家で』 沖田×華[著] ぶんか社、2012

障がい・家族・ちがいを理解する絵本

『おこだでませんように』 くすのきしげのり[作] 石井聖岳[絵] 小学館、2008

『ありがとう、フォルカーせんせい』 パトリシア・ポラッコ[作・絵] 香咲弥須子[訳]
岩崎書店、2001

『からすたろう』 八島太郎[文・絵] 偕成社、1979

『おんぶは　こりごり』 アンソニー・ブラウン[作・絵] 藤本朝巳[訳] 平凡社、2005

パパ向け子育て本

『新しいパパの教科書』 NPO法人ファザーリング・ジャパン[著] 学研プラス、2013

[著者]

橋　謙太（はし・けんた）

NPO法人ファザーリング・ジャパン「メインマン・プロジェクト」リーダー。「日本パパ料理協会」副会長ほか。男女平等参画コーディネーター。地元では親父の会の連合「いなちち（稲城父親の会）」を仲間と立ち上げ、現在は顧問。大学卒業後、バックパッカーをした後、ブラジルで生活。日本に帰国後は20年間、会社員兼主夫をやっていたが、現在は複業をしながら専業よりの兼業主夫。発達障がい、ジェンダー、夫婦のパートナーシップ、地域活動などをテーマに講演、執筆活動をおこなっている。2児の父親。

[編集協力]

高祖常子（こうそ・ときこ）

NPO法人ファザーリング・ジャパン「メインマン・プロジェクト」担当副代表理事、認定NPO法人児童虐待防止全国ネットワーク理事、NPO法人タイガーマスク基金代表理事ほか。リクルートで情報誌の副編集長を経て、育児情報誌miku編集長として14年間活躍。Yahoo!　ニュースエキスパートコメンテーター。こども家庭庁「幼児期までの子どもの育ち部会」委員ほか、国や行政の委員を歴任。全国での講演活動や執筆活動をおこなっている。著書は『イラストでよくわかる　感情的にならない子育て』（かんき出版）ほか。3児の母。

[監修]

星山麻木（ほしやま・あさぎ）

明星大学教育学部教授　保健学博士　一般社団法人こども家族早期発達支援学会会長。一般社団法人星と虹色なこどもたち代表。
東京大学大学院医学系研究科国際保健学専攻（母子保健学）博士課程修了。療育・特別支援教育が専門。発達サポーターや専門ボランティアなど多くの人材を育成。著書『虹色なこどもたち』（世界文化社）、『障害児保育ワークブック』（萌文書林）ほか多数。NHK「すくすく子育て」「発達障害の子どもとともに」など監修出演。

組版　合同出版制作室
本文デザイン・装幀　吉崎広明（ベルソグラフィック）
イラスト・マンガ　野田映美

子どもが発達障がいだとわかったとき
パパがやること全部

2024年5月30日　第1刷発行

著者　橋　謙太
執筆協力　高祖常子＋
NPO法人ファザーリング・ジャパン　メインマン・プロジェクト
監修者　星山麻木
発行者　坂上美樹
発行所　合同出版株式会社
東京都小金井市関野町1-6-10
郵便番号　184-0001
電話　042-401-2930
振替　00180-9-65422
ホームページ　https://www.godo-shuppan.co.jp
印刷・製本　株式会社シナノ

■刊行図書リストを無料進呈いたします。
■落丁乱丁の際はお取り換えいたします。

ISBN978-4-7726-1560-0　NDC370　130×188